A VIDA LOUCA
DOS REVOLUCIONÁRIOS

Copyright © 2013, Demétrio Magnoli

Diretor editorial: Pascoal Soto
Editora executiva: Maria João Costa
Assessor editorial: Bruno Fiuza
Editora Assistente: Denise Schittine
Capa e ilustração: Gilmar Fraga
Projeto gráfico: Mayara Menezes | Obá Editorial
Revisão de provas: Roberto Jannarelli
Diagramação: Abreu's System
Produção gráfica
Direção: Marcos Rocha
Gerência: Fábio Menezes

Dados Internacionais de Catalogação na Publicação (CIP)
Angélica Ilacqua CRB-8/7057

Magnoli, Demétrio
   A vida louca dos revolucionários / Demétrio Magnoli; ilustrado por
Gilmar Fraga. – Rio de Janeiro: LeYa, 2013.
   240 p.: il.

ISBN 978-85-8044-912-9

1. História – Brasil – Século XX 2. Revoluções 3. Biografia
I. Título. II. Fraga

13-0904   CDD-909.82

Índices para catálogo sistemático:

1. História moderna – século XX

2013
Todos os direitos desta edição reservados a
TEXTO EDITORES LTDA.
[Uma editora do Grupo LeYa]
Rua Desembargador Paulo Passaláqua, 86
01248-010 – Pacaembu – São Paulo – SP – Brasil
www.leya.com.br

A VIDA LOUCA
DOS REVOLUCIONÁRIOS

DEMÉTRIO MAGNOLI

SUMÁRIO

_ Introdução 6

001 John Reed, (1887-1920) 12

002 Victor Serge, (1890-1947) 30

003 Filippo Marinetti, (1876-1944) 50

004 Marcus Garvey, (1887-1940) 68

005 Cyril L. R. James, (1901-1989) 86

006 George Orwell, (1903-1950) 104

007 Juan Lechín Oquendo, (1914-2001) 124

008 Frantz Fanon, (1925-1961) 142

009 Sayyid Qutb, (1906-1966) 160

010 Ulrike Marie Meinhof, (1934-1976) 176

011 Steve Biko, (1946-1977) 194

012 Pol Pot, (1925-1998) 214

— Bibliografia 234

INTRODUÇÃO

A Revolução, assim com maiúscula, é uma obsessão do século XX, com raízes fincadas na França de 1789. Mudar radicalmente a sociedade, o mundo, a vida, engendrando um tempo em tudo diferente do presente – eis a ideia revolucionária.

Revolução nem sempre foi isso. Na origem, a palavra era utilizada para descrever o movimento orbital dos astros. Ela significava, então, um percurso fechado: o eterno retorno ao ponto de partida. A nova acepção revolucionou a palavra "revolução", virando-a do avesso de modo a descrever uma fuga veloz para frente. Na base da reinvenção, encontra-se uma consciência da história como marcha rumo ao futuro: a seta, no lugar do ciclo.

Revolução é ruptura. Refletindo sobre a modernidade, Octavio Paz definiu ruptura como negação da tradição, isto é, "destruição do vínculo que nos une ao passado", mas chamou a atenção para a emergência de uma "tradição da ruptura": a "repetição do ato através de gerações de iconoclastas" que renegam o passado e interrompem a continuidade.[1] A nossa era histórica está marcada precisamente pela obsessão moderna com a ruptura, que forma uma curiosa tradição. O culto ao novo é seu traço mais fundamental: desde que caiu a Bastilha, o "antigo" converteu-se em sinônimo de anacrônico ou ultrapassado.

"Antigo Regime" – eis o nome do inimigo dos revolucionários. Mas "Antigo Regime" significa coisas diversas para famílias diferentes de revolucionários. Os comunistas falam da exploração de classe; os nacionalistas, do domínio exercido por estrangeiros sobre a nação; os fascistas, das influências deletérias do liberalismo cosmopolita; os terceiro-mundistas, da opressão imperial europeia ou americana; os pan-africanistas, do colonialismo e da subordinação racial; os jihadistas, da cruzada dos infiéis. Todos eles divergem entre si em quase tudo. Não concordam sobre o que é a Bastilha que precisa ser derrubada nem, muito menos, sobre a natureza do "Novo Regime" que enxergam do outro lado do arco-íris. Mas todos estão de acordo sobre a necessidade de uma

---

[1] PAZ, Octavio. *Os filhos do barro*. Rio de Janeiro: Nova Fronteira, 1984, p. 17.

ruptura radical: as ideias de evolução, adaptação e reforma não fazem parte do universo mental dos revolucionários.

Os doze personagens desse livro situam-se fora do círculo mais conhecido de vultos revolucionários. Existe muita coisa escrita sobre Marx, Lenin, Trotsky, Zapata, Mao, Mussolini, Hitler, Fidel, Che... Por outro lado, incontáveis figuras interessantes permanecem relativamente desconhecidas – ou, em certos casos, lembradas apenas por sua participação em algum episódio de forte impacto histórico. Mas a trajetória de cada uma delas propicia vislumbres esclarecedores sobre as aventuras e desventuras das utopias revolucionárias no século XX.

Pátria não é um país ou uma nação para a maior parte dos doze. John Reed e Victor Serge, como tantos comunistas, identificaram a "pátria" ao proletariado internacional. "Pátria", para Marcus Garvey, era uma África imaginária. Frantz Fanon, martinicano, francês e argelino, escolheu o Terceiro Mundo como sua pátria. Cyril L. R. James encontrou um lar ideológico na intersecção das "pátrias" de Serge, Fanon e Garvey. O egípcio Sayyd Qutb, que também desprezava as nações e suas fronteiras, devotou sua lealdade à comunidade mundial dos muçulmanos. Num polo oposto, o italiano Filippo Marinetti, o boliviano Juan Lechín Oquendo e o cambojano Pol Pot representam diferentes facetas do pensamento nacionalista.

Serge já militava em um grupo anarquista durante a adolescência e, aos 19 anos, foi expulso de seu país por razões políticas. Reed, Biko e Pol Pot não foram tão precoces, mas tornaram-se revolucionários no início da vida adulta. Em contraste, a chama só se acendeu na alma de Qutb quando ele tinha mais de 40 anos. Contudo, quase todos os doze morreram, jovens ou idosos, como revolucionários – e, nos casos de Qutb, Meinhof, Biko e Pol Pot, a Revolução foi a "causa mortis". As duas exceções à regra são George Orwell e Juan Lechín, que assumiram a persona de revolucionários durante curtos intervalos de suas vidas: o primeiro, como miliciano de uma brigada do POUM na Guerra Civil Espanhola; o segundo, apenas durante o episódio insurrecional de 1952 na Bolívia.

Os líderes revolucionários são, geralmente, intelectuais. No mais das vezes, esses personagens originam-se em famílias de classe média e beneficiam-se de oportunidades educacionais que não estão disponíveis para todos. Reed estudou em Harvard; Marinetti, na Universidade de Gênova; Meinhof fez pós-graduação na Universidade de Munster; Pol Pot cursou um colégio de elite no Camboja colonial antes de desperdiçar a chance de ingressar numa universidade parisiense. É pela palavra escrita que os intelectuais revolucionários difundem a crítica de um presente intolerável e esboçam os contornos de um futuro luminoso. Todos os doze, com as exceções do sindicalista Juan Lechín e do organizador comunista Pol Pot, deixaram textos de alguma relevância.

A revolução dos bichos e *1984*, de Orwell, assim como *Os dez dias que abalaram o mundo*, de Reed, figuram entre os grandes best-sellers do século passado. *Os condenados da Terra*, de Fanon, não chega a ocupar um lugar nessa lista, mas fica perto disso. A obra político-literária e artística de Marinetti causou impacto no movimento internacional do modernismo. Menos conhecidas do grande público, mas não menos significativas, são obras como *Memórias de um revolucionário* e *Meia-noite no século*, de Serge, e *Os jacobinos negros*, de Cyril James. Já *Sinalizações na estrada*, de Qutb, embora extensamente desconhecido, é um livro de cabeceira dos militantes jihadistas que inauguraram uma era de terror global.

Este livro não é uma coleção de biografias. Não é, nem sequer, um conjunto de biografias políticas. Ele é um ensaio político sobre a obsessão revolucionária que toma como balizas as trajetórias de doze revolucionários. Não se pretende decifrar os revolucionários selecionados, mas lançar alguma luz sobre a natureza da utopia revolucionária. Daí decorre que nem tudo o que fizeram ou escreveram os personagens têm interesse para a narrativa – e, ainda, que a "vida privada" deles só emerge quando revela algo que não se circunscreve ao domínio privado. A paixão trágica de Reed, o celibato voluntário de Qutb, o conturbado romance militante de James com a feminista Constance

Webb, a ruptura do "casamento burguês" de Meinhof e o longo caso subterrâneo entre Biko e Mamphela Ramphele situam-se nessa larga faixa de contato entre o público e o privado.

Os indivíduos fazem a história, mas em circunstâncias que não escolheram e não controlam, como argumentou Marx. A Revolução Russa provavelmente seria narrada de outra forma, não fosse o célebre livro de reportagens de Reed. Sem Marinetti, talvez jamais existisse o futurismo italiano. Sem Orwell, pode-se apostar que uma parcela muito menor da humanidade tomasse consciência da natureza do totalitarismo. Ninguém pode saber como seria a Bolívia se Juan Lechín não liderasse os mineiros armados até o Palácio Quemado, em abril de 1952. Osama Bin Laden e a Al-Qaeda são frutos da árvore plantada por Qutb. O poder absoluto de Pol Pot, o Irmão Número Um, é a fonte indiscutível do genocídio do Camboja, uma das maiores catástrofes humanas de que se tem notícia. De alguma forma, os doze vultos desse livro continuam entre nós.

Demétrio Magnoli
Setembro de 2013

DEIXE-O BRINCAR

John Reed, jornalista e comunista (1887-1920)

"Meu Deus! Você se torna puro e santo por uma semana!". Era esse, precisamente, o maior temor de John Reed – o alçapão aberto sob os pés de um jovem radical de Harvard naquela transição que custava a se concluir. Reed seria puro e santo por toda a vida, uma vida apropriadamente curta, que acabou a tempo de poupá-lo do cinismo.

A glória jornalística e literária veio com *Dez dias que abalaram o mundo*, a narrativa célebre do "assalto ao Céu" dos bolcheviques russos em 1917. Quatro anos antes, ele escreveu *Another case of ingratitude*, um conto sobre a escolha moral inscrita na filantropia, organizado como diálogo entre um benfeitor casual e um pobre trabalhador faminto que perambulava no frio cortante. O benfeitor paga ao outro uma refeição quente e lhe dá dinheiro para uma noite de hotel. Quando o infeliz recupera algum alento, o filantropo força um diálogo, mas é rechaçado e suas motivações são impugnadas.

– Qual é o problema? Sem emprego?

Ele olhou-me nos olhos, pela primeira vez desde o início do jantar, com expressão surpresa. "Claro", disse secamente. Notei, um pouco chocado, que seus olhos eram cinza, embora eu tivesse tomado-os como marrons.

– Qual é seu ofício?

Não respondeu por um instante. "Pedreiro", resmungou. Qual era o problema com o homem?

– De onde você é?

Même jeu. *"Albany".*

– Faz tempo que está por aqui?

"Diga-me", disse meu convidado, inclinando-se na minha direção, "o que você acha que sou, um golpista, um mendigo impostor?".

Por um momento, fiquei atarantado, sem palavras. "Ora, eu só estava tentando manter uma conversa", disse debilmente.

– Necas, você não estava. Você pensou que só porque me deu uma ajuda, eu te derramaria uma novela lacrimejante. Que direito tem você de me fazer todas essas perguntas? Conheço vocês. Só porque têm dinheiro, pensam que podem me comprar com uma refeição.

"Absurdo", protestei. "Fiz isso de modo perfeitamente desinteressado. O que você acha que ganho alimentando-o?".

Ele acendeu mais um dos meus cigarros.

"Você ganha tudo que quer", sorriu. "Qual é? Não se sente super-bem salvando a vida de um vagabundo faminto? Meu Deus! Você se torna puro e santo por uma semana!"[1]

John, ou melhor, Jack Reed, quis fazer parte da história da Revolução Russa, e suas cinzas foram enterradas nas muralhas do Kremlin, uma homenagem reservada a poucos. Mas a sua história é outra: a do radicalismo americano, o fruto retardatário de uma tradição cujas raízes encontram-se em Andrew Jackson, o sétimo presidente dos Estados Unidos e a fonte original de inspiração do Partido Democrata. Durante a campanha presidencial de 1828, os rivais de Jackson tratavam-no, jocosamente, como "jumento", uma referência à sua defesa dos interesses do "homem comum" – na época, o colono, o pequeno agricultor – contra os poderosos financistas. Mais tarde, a figura do jumento se tornaria o símbolo dos democratas e a ideia da "democracia jacksoniana" formaria o leito de um dos principais rios da paisagem política americana.

Charles Jerome Reed, o pai de Jack, um modesto negociante de Portland, Oregon, engajou-se numa cruzada contra os poderosos em-

---

[1] REED, John. *Adventures of a Young Man: Short Stories from Life*. San Francisco: City Lights, 1975, p. 49-50.

presários de serrarias, que fraudavam títulos de propriedade e devastavam florestas. Charles atendia a um pedido de Francis J. Heney, promotor federal especial nomeado por Theodore Roosevelt, o presidente que abraçou a bandeira do movimento conservacionista, plenamente ciente dos custos de sua opção. Na condição de delegado, ele perderia oportunidades e teria que dar duro para assegurar a seus filhos a chance de estudar em escolas privadas e universidades de elite. Além disso, enfrentaria o rancor de seus colegas do clube da cidade, que ele presidia. Mas seguiu em frente, fiel a um princípio. Jack era dessa estirpe.

Até os dezesseis anos, Jack sofria de uma doença renal, carecia de vigor físico e, em suas próprias palavras, temia os "garotos irlandeses brutais".[2] Refugiava-se nos livros: bem cedo, começou a amar as narrativas históricas e a poesia, e, em seguida, passou a escrever versos, peças teatrais e jornais juvenis. Mesmo assim, não deixou de brigar na rua, perdendo mais que ganhando. Curiosamente, nadava bem e muito. O rio Willamette, que corta o centro de Portland antes de desaguar no Colúmbia, tornou-se o único palco de seus triunfos atléticos e um lugar marcante de sua adolescência. Em 1905, ano da insurreição do encouraçado Potemkin, Jack cursou a escola preparatória para Harvard, onde ingressou meses depois dos massacres e prisões que encerraram o "ensaio geral" da Revolução Russa.

Sem muita convicção, Jack tentou, mas nunca se tornou um verdadeiro "homem de Harvard". Em compensação, aproximou-se de Walter Lippman, um aluno brilhante que presidia o Clube Socialista e viria a ser o mais influente colunista político liberal do país, e descobriu os livros dos socialistas fabianos ingleses Graham Wallas e H. G. Wells. Também circulou pela Liga de Harvard, pelo Sufrágio Feminino e pelos clubes acadêmicos Anarquista e do Imposto Único; apalpou os debates sobre as vanguardas artísticas, o antipuritanismo e o amor livre. O jovem já não cabia na caixa do liberalismo progressista americano, mas ainda não fora tocado pela chama da revolução social.

---

[2] MUNK, Michael. "John Reed". Marxist's Internet Archive: John Reed. http://www.marxists.org/archive/reed/bio/portland.htm

Vinte e um anos mais velho que Jack, o jornalista investigativo Lincoln Steffens aceitou o pedido de seu amigo Charles, que vinha junto com uma recomendação de outro Charles, Charles Townsend Copeland, o mais destacado professor de literatura de Harvard daquela geração. Ele olharia pelo jovem, não para facilitar-lhe uma carreira mas, ao contrário, para forçá-lo a experimentar diferentes caminhos: *"Ele tem um espírito jovial"*, disse o pai, *"é uma coisa alegre. Conserve-o assim. É um poeta, acho; faça-o continuar a cantar. Deixe que conheça tudo, mas não, não permita que ele fique como eu."*[3]

Charles acreditava no gênio do filho, mas temia que, como ele, se deixasse prender por um compromisso precoce – com uma profissão, um negócio, o dinheiro ou uma obsessão. "Deixe-o brincar", insistiu. Steffens era a pessoa certa para a missão. Cansado de denunciar as vilanias da Grande Corporação, o consagrado jornalista sentia-se cada vez mais atraído pela ideia da revolução. Contudo, seu diletantismo funcionava como uma fronteira: ele não iria além do jornalismo. Jack, pelo contrário, não tinha limites.

GREENWICH VILLAGE

Numa noite fria e nevada de janeiro de 1917, do teto do arco da praça mais célebre do sul de Manhattan, Marcel Duchamp e outros quatro artistas cercaram-se de balões vermelhos de festa e proclamaram a "república livre e independente de Washington Square". Luc Sante, um comentarista contemporâneo, registrou que a proclamação dos "conspiradores do Arco" ecoava um sentimento geral entre os habitantes de Greenwich Village, desejosos de um "território livre, desembaraçado de convenções". John Reed estabeleceu-se no bairro seis anos antes daquela declaração de independência, encontrando em seus cafés, restaurantes, ateliês e livrarias sua pátria ideológica .

[3] STEFFENS, Lincoln. *John Reed under the Kremlin Wall*. Chicago: The Walden Book Shop, 1922, p. 10.

Junto com três companheiros de Harvard, Jack alugou um apartamento no número 42 da Washington Square South. Steffens trocou um endereço confortável pelo modesto apartamento disponível um andar abaixo. Distante apenas seis quarteirões, na esquina da rua 11 com a University Place ficava o Hotel Albert, que servira de residência a Robert Stevenson, Mark Twain e Walt Whitman – e viria a receber Salvador Dalí e Andy Warhol. Em 1914, a dançarina Isadora Duncan abriu seu estúdio pouco acima, na rua 23 com a Quarta Avenida. Um ano após a morte de Reed, atraída pela promessa do comunismo, ela inaugurou uma escola de dança em Moscou, que duraria pouco.

No Greenwich morava também Max Eastman, que cursava o doutorado sob a orientação do filósofo John Dewey. Da sua pena, saiu o manifesto do *The Masses*, publicado pela primeira vez em 1911: "Esse periódico é controlado e publicado cooperativamente por seus editores. Não paga dividendos e ninguém quer fazer dinheiro com ele. Um jornal revolucionário, não uma publicação reformista; um jornal com senso de humor e sem respeito pelo que é respeitável; franco, arrogante, impertinente, em busca de causas verdadeiras; um jornal dirigido contra a rigidez e o dogma em qualquer lugar em que se encontrem (...)".[4] *The Masses* era política e arte – qualquer coisa, desde que fosse bastante radical. Jack, claro, logo se tornou algo como um coeditor.

Greenwich fazia mágicas, como transformar greves operárias em peças teatrais protagonizadas pelos próprios líderes grevistas. A operação começou por acaso, sob o influxo de uma rica herdeira e patronesse das artes, e terminou pela adesão definitiva de Reed à militância revolucionária. Dali em diante, Jack se empenharia em transferir seu personagem para o palco de uma revolução de verdade.

A patronesse era Mabel Dodge, ativamente bissexual, que retornara de sua *villa* em Florença, estabelecendo-se na "feia, repul-

---

[4] GAINOR, J. Ellen. *Susan Glaspell in Context: American Theater, Culture and Politics 1915-48.* The University of Michigan Press, 2004, p. 62.

siva" Nova York e promovendo animadas reuniões semanais no seu apartamento da Quinta Avenida, a duas quadras da Washington Square. Steffens, Eastman e Reed eram figuras carimbadas desses encontros, que contavam até com a presença ocasional da veterana líder anarquista Emma Goldman. Uma noite, na primavera de 1913, os convidados ouviram um relato do destacado líder sindical Bill Haywood, sobre a greve dos tecelões de seda de Paterson, Nova Jersey, reprimida pela polícia e ignorada pela imprensa. Num impulso, Mabel sugeriu representá-la como um drama, no Madison Square Garden. Jack saltou à frente e prontificou-se a fazê-lo. Passou os meses seguintes em Paterson, discursou para os grevistas, engajou-se na IWW, conheceu a cadeia, produziu o roteiro do espetáculo e, no palco, representou a si mesmo, entoando canções revolucionárias ao lado dos sindicalistas.

A IWW, Industrial Workers of the World, não era uma central sindical convencional, mas uma organização política que reunia socialistas, anarquistas e sindicalistas revolucionários. Ela não queria "salários justos", mas "todo o produto do meu trabalho", na expressão de Eugene Debs, um de seus fundadores e companheiro de Reed.[5] A organização, cujo horizonte era a derrubada do capitalismo, nascera pelas mãos de imigrantes e funcionava como a coisa mais próxima que existia nos Estados Unidos de um partido revolucionário europeu.

Eugene O'Neill, filho de um imigrante irlandês que ganhava a vida como ator, começou a vida como marinheiro e logo aderiu à IWW. Em 1914, depois de uma longa depressão e uma temporada num sanatório, O'Neill ingressou no curso de dramaturgia de Harvard e passou a frequentar a cena do Village. No bairro onde tudo acontecia, conheceu Jack. Eles tinham quase a mesma idade e exatamente as mesmas ideias. Mas um seguiria no teatro, escrevendo inúmeras peças e produzindo um impacto cultural duradouro, enquanto o outro enveredaria pela revolução, deixando uma única obra notável.

[5] DEBS, Eugene V. "Revolutionary unionism". Discurso em Chicago, 25 de novembro de 1905. E. V. Debs Internet Archive, 2001.

AMOR E REVOLUÇÃO

Eles eram jovens e aquilo era o Village. Jack teve inúmeros casos efêmeros, mas sua primeira paixão foi por Mabel, um namoro tórrido, entremeado por doídas separações. No fim, ela deixou subitamente de amá-lo. A ferida custou a secar, até dezembro de 1915, quando ele encontrou a mulher que logo nomeou como "Ela", o amor de sua vida. "Ela" se chamava Louise Bryant, acabara de completar 30 anos, dois mais que ele, era casada e jornalista, envolvera-se com o movimento pelo sufrágio feminino. Jack mostrou a Louise todos os endereços relevantes do Village, apontou-lhe a estrada da aventura e contaminou-a com o gosto da revolução.

A revolução – essa obsessão colara-se no jovem radical desde 1913, quando percorreu um México em ebulição escrevendo reportagens para jornais de Nova York. Jack viajou com Steffens, e cada um escolheu seu herói. O de Steffens era o patriarca liberal Venustiano Carranza; o de Reed, o turbulento caudilho Pancho Villa. Carranza era um reformista; Villa, um rancheiro, quase um peão, elevado ao posto de general. Nos seus domínios de Chihuahua, o caudilho confiscou fazendeiros e distribuiu terras aos pobres, algo que não fazia parte do cauteloso compromisso político de Carranza.

Jack dirigiu a Villa a pergunta jornalística inevitável, se ele poderia se tornar presidente do México. "Eu sou um guerreiro, não um estadista. Não sou instruído o suficiente para ser presidente. Aprendi a ler e escrever há apenas dois anos. (...) Há uma única coisa que não farei – assumir uma posição para a qual não sou qualificado. Só existe uma ordem de meu Chefe (Carranza) que eu recusaria – se ele me ordenasse ser governador ou presidente."[6] Jack voltou a formular a mesma questão nos dias seguintes, para ira e, depois, divertimento, do caudilho. O jornalista pouco sabia sobre a história ou a economia do México – e quase não entendia espanhol. Mesmo assim, *México insurgente*, a coleção de reportagens daquela viagem, é jornalismo de primeira.

[6] REED, John. *Insurgent Mexico*. Nova York: D. Appleton and Company, 1914, p. 188.

A guerra seguinte não era uma revolução, e Jack experimentou o gosto do fracasso. O *Metropolitan Magazine*, satisfeito com as reportagens do México, enviou-o para cobrir a guerra que explodira na Europa em 1914. O jornalista passou pouco tempo nas frentes de batalha, que não registravam muita ação. Concentrou-se, em vez disso, nos bares e prostíbulos de Paris, Berlim e Londres, produzindo textos medíocres de análise do que lhe parecia ser uma guerra por interesses comerciais. Explorando a frente oriental, acabou num calabouço russo – de onde, para sua suprema humilhação, foi resgatado pelo embaixador americano. No seu passaporte, escreveu uma provocação adolescente destinada às autoridades russas: "Sou um espião germânico e austríaco. Faço isso por dinheiro. Reed."

As duas semanas na prisão não impediram Jack de se apaixonar perdidamente pela Rússia, que era ainda o Império Russo no seu declínio final. Sob o impacto da capital russa, que conheceu após sair do calabouço, ele escreveu: *[Em Petrogrado] as casas permanecem sempre abertas, as pessoas visitam-se continuamente, a todas as horas do dia e da noite. Comida e chá e conversa fluem sem parar; cada um age como sente que deve agir, e diz aquilo que quer. Não há horários definidos para acordar ou dormir ou jantar e não há um modo convencional de matar um homem ou fazer amor.*[7]

"Ela" apareceu quando Jack voltou dessa acidentada viagem. Meses depois, ele teve a curiosa ideia de reunir Louise e Eugene O'Neill numa aventura de verão. Os três alugaram um chalé em Provincetown, em Cape Cod, Massachusets. A península de areias brancas e faróis náuticos, um destino turístico popularizado pelos contos de Joseph Lincoln, recebia escritores e dramaturgos de vanguarda, que apresentavam peças na pequena cidade, bebiam sem parar, faziam rodas de discussão, amavam e brigavam. Sob o signo do amor livre, tanto Jack quanto Louise abriram breves parêntesis no tórrido romance para experimentar casos incidentais. Desviando-se,

---

[7] REED, John & ROBINSON, Boardman. *The War in Eastern Europe*. Nova York: Charles Scribner's Sons, 1916, p. 210-211.

porém, de um roteiro inteiramente previsível, Louise engatou um caso com Eugene, ferindo os sentimentos de Jack. Eles brigaram, ela desfraldou a bandeira da modernidade, ele gritou e recuou, fizeram as pazes.

De volta ao Village, Jack engajou-se na campanha de escritores pacifistas pela reeleição de Woodrow Wilson. O lema do presidente era "Ele nos manteve fora da guerra", algo que lhe valeu o apoio de liberais e radicais. Um manifesto foi assinado por Dewey, Steffens, Susan Glaspell, o próprio Reed e várias outras figuras carimbadas. Wilson, contudo, nunca prometeu que os Estados Unidos não entrariam na guerra em nenhuma circunstância e alertou para as ações de submarinos alemães contra alvos americanos. A declaração de guerra quase coincidiu com o início do segundo mandato, o que enfureceu as lideranças do movimento pacifista. Jack interpretou a derrota como a confirmação daquilo que sentia desde a temporada no México: ele era um estrangeiro em seu próprio país.

Na Europa, desde os tempos de Friedrich Engels e Karl Kautsky, os socialistas estavam organizados em grandes partidos, que se inscreviam na dinâmica da democracia parlamentar e exerciam influência decisiva sobre os sindicatos. Do outro lado do Atlântico, pelo contrário, o socialismo não chegava a perfurar a epiderme da sociedade americana. O Partido Socialista, criado em 1901, conseguira 6% dos sufrágios para seu fundador, Eugene Debs nas eleições presidenciais de 1912, a maior votação da esquerda na história americana, e não disputara as eleições de 1916. A IWW dirigia greves operárias relevantes, mas fechava-se na concha do sindicalismo revolucionário e desconfiava da ação parlamentar, enveredando pelo rumo que a conduziria à irrelevância. O entusiasmo patrótico criado pela declaração de guerra formava um cordão sanitário ao redor dos radicais.

Farto de escrever conclamações, Jack queria ação. O czar acabava de ser derrubado por uma insurreição popular. A Rússia, aquele país mágico, convertera-se na parteira da revolução proletária. Lá, nos confins da Europa, estava a sua pátria ideológica.

PETROGRADO

Dez dias que abalaram o mundo é a narrativa de uma revolução sonhada. Jack e Louise partiram para a Rússia em agosto de 1917. O repórter não entendia russo e, sobretudo, não compreendia o leninismo. A decisão de tomada do poder foi adotada por insistência de Vladimir Lenin numa reunião de doze altos dirigentes bolcheviques, em 23 de outubro (10 de outubro, segundo o antigo calendário juliano então adotado na Rússia), duas semanas antes do assalto ao Palácio de Inverno.[8] No relato de Reed, a reunião secreta se converte numa ampla plenária do Comitê Central, com a presença de "todos os intelectuais do partido" e dos "líderes e delegados dos operários e dos regimentos de Petrogrado", no início da qual só Lenin e Leon Trotsky defendiam a "insurreição", que acabou aprovada sob o impacto da intervenção de um "rude trabalhador".[9]

A célebre reportagem de Jack não é uma invenção, nem exibe inverdades deliberadas. O jornalista não tinha meios para saber do que acontecia nos subterrâneos bolcheviques, não podia estar em todos os lugares e dependia de fontes diretamente envolvidas nos preparativos do golpe, que muitas vezes só tinham conhecimento direto de assembleias públicas ou reuniões semipúblicas. Reed narrou a tomada do poder como uma insurreição de massas, exatamente o que ele queria ver. Contudo, era tão bom jornalista que o relato contém sua própria refutação.

A Revolução de Outubro entrou para a história como a conclusão necessária da Revolução de Fevereiro.[10] A primeira, porém, foi uma autêntica insurreição de massas, enquanto a segunda desenvolveu-se

---

[8] TROTSKY, Leon. *A história da Revolução Russa*. Rio de Janeiro: Paz e Terra, 1977, vol. 3, p. 825-827.

[9] REED, John. *Ten days that shook the world*. E-Book. Oxford: Project Gutenberg. Fevereiro 2002, p. 35.

[10] A nomenclatura fixada pelos livros de história baseia-se no antigo calendário juliano. Segundo o calendário gregoriano, treze dias adiantado, a Revolução de Fevereiro ocorreu entre 8 e 12 de março e a Revolução de Outubro ocorreu a 7 de novembro.

como uma conspiração organizada por um partido que tinha conquistado a maioria da vanguarda operária e das guarnições militares de Petrogrado e Moscou. "Se acreditam que a insurreição está madura, é inútil falar em conspiração. Se, politicamente, a insurreição é inevitável, é necessário considerá-la como uma arte."[11] Essa resposta de Lenin aos dirigentes partidários que resistiam à sua orientação tinha um claro significado: um golpe será uma insurreição se, "politicamente", os bolcheviques decidirem tomar o poder pela força.

O partido representa o proletariado, que representa o futuro histórico. A equação leninista reserva o termo "golpe" a atos de outros partidos, nunca dos bolcheviques. Reed, porém, acreditava na "insurreição" como uma realidade factual, não como um corolário filosófico da interpretação leninista da história. Na sua narrativa, pontuada por proclamações de sovietes e assembleias, depoimentos de líderes operários, trechos de discursos revolucionários, a revolução é obra de um sujeito coletivo abrangente: "Conspirações monarquistas, espiões alemães, maquinações de contrabandistas... E na chuva, sob um frio amargo e o céu pardacento, a cidade imensa e pulsante corria, corria sempre, cada vez mais depressa. Para onde?".[12]

A cidade corria rumo ao porto do desejo de Jack: a revolução. Mas, ainda assim, o repórter estava lá, contestando involuntariamente o texto do ardente comunista. As pistas da conspiração, da articulação do golpe bolchevique, perpassam as páginas da reportagem, alertando para uma história que ficou soterrada embaixo da verdade oficial. A parte crucial da trama é a criação do Comitê Militar Revolucionário, a ferramenta instrumental da tomada do poder.

Os bolcheviques não derrubariam o governo provisório sem os regimentos de Petrogrado, uma guarnição de 60 mil soldados que havia se juntado ao povo nas jornadas revolucionárias de março e, meses depois, ajudara a frustrar um golpe contrarrevolucionário. Os soldados

---

[11] TROTSKY, Leon. *A história da Revolução Russa*. Op. cit., p. 835-836.
[12] REED, John. *Ten days that shook the world*. Op. cit., p. 37.

da cidade obedeciam ao comando do soviete – isto é, de Trotsky. Na segunda quinzena de outubro, o governo anunciou o plano de transferir a "guarnição vermelha" para o *front*. Então, a liderança bolchevique decidiu-se pelo golpe, antes que fosse demasiadamente tarde.

Reed não podia escrever sobre as deliberações clandestinas, às quais não tinha acesso, mas registrou suas expressões públicas. No 25 de outubro, o Comitê Central dos Sovietes, um organismo controlado pelos bolcheviques, discutiu "a portas fechadas" a formação de um comitê militar especial destinado a impedir a transferência da guarnição para o *front*. No 26, a seção de soldados do Soviete de Petrogrado nomeou um comitê. No 28, em sessão pública do mesmo soviete, Trotsky "propôs que se sancionasse a formação do Comitê Militar Revolucionário". No 30, uma reunião de representantes dos regimentos da capital aprovou uma resolução na qual declaravam não mais reconhecer o governo provisório: "O Soviete de Petrogrado é nosso governo. Só obedeceremos ordens do Soviete de Petrogrado, através do Comitê Militar Revolucionário."[13]

Desde o momento em que pisou na Rússia, Jack apresentou suas credenciais aos diferentes atores engajados no drama revolucionário. Diante dos partidos da ordem, exibiu-se como um correspondente da imprensa americana; diante dos bolcheviques, como um companheiro de armas. Por duas vezes, ele subiu ao palco do *Cirque Moderne*, o lugar preferido dos comícios de Trotsky, separado do Palácio de Inverno pelo rio Neva, um "anfiteatro despojado, lúgubre, iluminado apenas por cinco pequenas lâmpadas sustentadas por arames finos"[14], para saudar os operários e soldados em nome do Partido Socialista Americano, do qual não era representante.

Jack arrancava dos muros exemplares de cada um dos panfletos e proclamações revolucionárias, para traduzi-los e usá-los nos seus textos. A longa reportagem é um precioso documento de um tempo

---

[13] REED, John. *Ten days that shook the world*. Op. cit., p. 43.
[14] REED, John. *Ten days that shook the world*. Op. cit., p. 27.

singular: não se fazem mais revoluções proletárias como antigamente. No entanto, mais que como monumento político ou histórico, a obra vale como marco cultural, pois é uma súmula da ruptura moderna com as convenções estílistas tradicionais.

Nela, encontram-se as técnicas que, poucos anos depois, figurariam no núcleo da revolução cinematográfica dos russos Dziga Vertov e Sergei Eisenstein: a montagem, o corte rápido, o *close* do detalhe, o olhar subjetivo. Graças à interferência do distribuidor alemão, o filme *Outubro*, dirigido por Eisenstein e lançado em 1927, traz como subtítulo o título da obra de Reed. Os *Dez dias que abalaram o mundo* foram apenas uma entre diversas referências usadas no roteiro do filme. Contudo, o filme e a reportagem estão ligados pelos poderosos fios invisíveis de uma gramática compartilhada.

O QUE VEIO DEPOIS

Louise retornou aos Estados Unidos no início de 1918, enquanto os bolcheviques dissolviam à força a Assembleia Constituinte na qual seus deputados eram minoria. Jack ainda ajudou o governo de Lenin na tradução para o inglês de decretos e proclamações revolucionárias, mas retornou na primavera. Ele não queria viver longe dela – e nutria a ilusão de levar na bagagem a faísca da insurreição.

Os Estados Unidos estavam tomados pela febre patriótica da guerra. Agentes da imigração confiscaram os panfletos russos de Jack. Oficiais de justiça apresentaram intimações em processos que tinham por alvo as incitações pacifistas e revolucionárias publicadas no *The Masses*. No fim, as acusações foram retiradas, os processos restantes terminaram por absolvições e até mesmo os panfletos voltaram às mãos do jornalista. Jack correu o país discursando sobre o "assalto ao Céu" na distante Rússia, escreveu conclamações enfadonhas, engajou-se numa operação política que se completou pela divisão do Partido Socialista Americano e, ato contínuo, em polêmicas sectárias das quais emergiram dois partidos comunistas concorrentes.

A longa trajetória dos bolcheviques rumo ao poder começou com uma cisão, em 1903, que os separou dos mencheviques. Contra todas as evidências, Jack imaginava-se um líder bolchevique. Em setembro de 1919, retornou à Rússia com a finalidade de obter o reconhecimento de seu Partido Comunista dos Trabalhadores como seção oficial da Internacional Comunista nos Estados Unidos. Sem passaporte, negado-lhe devido a um processo por sedição, viajou com documentos falsos, empregando-se sob o nome de Jim Gormley como fogueiro num navio mercante escandinavo destinado à Noruega. De lá, acomodou-se no convés de uma embarcação que singrava rumo à Finlândia e, em seguida, pagou uns dólares para cruzar clandestinamente a fronteira russa. No meio do outono, desembarcou numa Moscou salpicada pelas primeiras neves e açoitada pela miséria.

Jack continuava a ver somente aquilo que queria ver. Ele atribuiu a fome à guerra civil, o que era parte da verdade, mas não à política bolchevique do "comunismo de guerra", que interrompera os intercâmbios entre o campo e as cidades. Fugindo da perseguição política, a veterana anarquista americana Emma Goldman, uma conhecida dos anos do Village, chegou a Moscou pouco depois dele e não teve dificuldades para enxergar a tragédia. Na Ucrânia, o Exército Vermelho esmagava a república camponesa, semianarquista, do antigo aliado Nestor Makhno. Os anarquistas russos estavam sendo silenciados. A liberdade de expressão – para ela, o mais precioso dos direitos – era desprezada por burocratas comunistas que se referiam ironicamente às "liberdades burguesas".

Goldman usou uma frase de Lisa Zorin, sua vizinha em Moscou e dirigente bolchevique intermediária, para evidenciar que o cristal se quebrara: "As pessoas sofreram tantos desapontamentos desde Outubro de 1917 que a Revolução perdeu todo o significado para elas".[15] Jack escapava, olhando para frente e para longe: ele "insistia em que a face sombria do regime bolchevique era inevitável" e "acreditava ferventemente que o governo soviético emergiria e que, logo, estabelece-

[15] GOLDMAN, Emma. *My disillusionment in Russia*. Nova York: Dover, 2003, p. 50.

ria a comunidade comunista".[16] Goldman entrevistou-se com Lenin, no Kremlin. Ele queria utilizá-la em esquemas de propaganda do governo soviético; ela pediu pela liberdade para os anarquistas.

No dia 14 de fevereiro de 1920, em Chicago, a líder feminista Carrie Chapman Catt fundou a Liga das Mulheres Eleitoras. Jack não soube do evento. Naqueles dias, sob um frio lancinante, tentava retornar a Nova York para unificar os dois partidos comunistas americanos. A viagem quase transformou-se em tragédia: preso com documentos falsos na Finlândia, sofreu violências, contraiu escorbuto, delirou em febre. Dois meses depois, foi deportado de volta a Moscou.

Louise logo chegaria. A notícia renovou o espírito de Jack, que decidira aguardar na capital soviética o congresso da Internacional Comunista. Aquele segundo congresso assinalou a separação definitiva entre comunistas e social-democratas. Também marcou o início da hegemonia absoluta do partido soviético sobre o movimento comunista internacional. Jack sentiu na pele o significado do "centralismo", rudemente aplicado por Grigory Zinoviev e Karl Radek.

A onda da revolução recuava na Europa. Lenin acabara de publicar seu livreto sobre *O esquerdismo, doença infantil do comunismo*, base das teses que seriam adotadas pela Internacional. Os revolucionários deveriam trabalhar no interior dos sindicatos dirigidos pelos reformistas, a fim de ganhar a confiança dos trabalhadores. Nos Estados Unidos, isso implicava abandonar a IWW, ingressando na AFL, a Federação Americana dos Trabalhadores. Era pedir demais a Jack. Ele tentou argumentar, defendendo a prerrogativa de cada partido nacional de definir suas próprias táticas, mas uma norma do congresso não previa traduções para o inglês. Pediu a mudança dessa norma, com apoio de Angelica Balabanoff, tradutora oficial e sua amiga. Foi ignorado.

"Ela" estava chegando, mas Jack devia partir. Contrariado, mas obedecendo a uma ordem direta de Radek, ele seguiu para Baku, onde se realizaria um Congresso dos Povos do Oriente promovido pela

---

[16] GOLDMAN, Emma. *My disillusionment in Russia.* Op. cit., p. 11.

Internacional. Durante a jornada, num trem luxuoso, atravessou regiões devastadas pela guerra civil e por epidemias de tifo. No distante Azerbaijão, testemunhou um novo espetáculo de "centralismo", dessa vez dirigido contra revolucionários de países exóticos, que se curvavam às sentenças sagradas emitidas pelo Kremlin. "Um jornal dirigido contra a rigidez e o dogma em qualquer lugar em que se encontrem" – teria Jack lembrado do manifesto do seu *The Masses* naquelas horas deprimentes?

Finalmente, em 15 de setembro, Jack e Louise se reencontraram. "Ele entrou gritando no meu quarto. Eu o vi mais velho e mais triste, estranhamente suave e ascético", escreveu Louise para Max Eastman.[17] Em Moscou, viveram uma última lua-de-mel. Ele a levou a teatros e exposições, conduziu-a para conhecer Lenin e Trotsky. Duas semanas depois, sob o efeito do tifo, ficou de cama. Febril, com o lado direito do corpo paralisado, delirando, sobreviveu ainda vinte dias. Louise não arredou pé do doente, que morreu de mãos dadas com ela em 19 de outubro. Os bolcheviques ofereceram-lhe um funeral de Estado e pediram a Balabanoff que pronunciasse o discurso oficial. Ela recusou: não poderia omitir as semanas finais de Jack, contaminadas pela desilusão.

Steffens escreveu o seguinte sobre a morte de seu amigo:

> *Eu não sei exatamente que coisa finalmente o capturou e arrancou a alegria de dentro desse poeta, transformando-o num poema. Ele amou uma garota, uma só garota, mas Louise é uma poeta também, e uma boêmia – ou, pelo menos era quando partiu no último verão, em roupas de homem, para seguir Jack na Rússia. E ele amou fielmente a IWW e a esquerda vermelha do Partido Socialista – e, como seu pai, odiou o ódio e tudo isso. (...) De qualquer modo, ele foi tomado por uma convicção e, assim, o espírito revolucionário o capturou. Ele tornou-se um guerreiro de uma causa, um revolucionário aqui e um comunista na Rússia. Ele não sorriu mais.*[18]

---

[17] WETZSTEON, Ross. *Greenwich Village – The American Bohemia, 1910-1960*. Nova York: Simon and Schuster, 2002, p. 160.

[18] STEFFENS, Lincoln. *John Reed under the Kremlin Wall*. Op. cit., p. 12-13.

2
000

LUZ À MEIA-NOITE

Victor Serge, um esquerdista libertário (1890-1947)

Eles cruzaram toda a Alemanha nazista sem descer do trem. Em Bruxelas, alojaram-se na casa de um militante sindicalista de origem russa que, como eles, fora expulso da União Soviética. O homem vivia de um abono de desemprego, num bairro suburbano. Na manhã seguinte, sem a insana Liuba, os dois exploraram os arredores:

> *Meu filho e eu parávamos diante das lojinhas, indescritivelmente emocionados. As pequenas vitrines regurgitavam de presuntos, chocolates, pães doces, arroz, frutas incríveis, laranjas, tangerinas, bananas! Essas riquezas ao alcance da mão, ao alcance do desempregado num subúrbio operário, sem socialismo nem plano! (...) Era de chorar de humilhação e dó pela nossa Rússia revolucionária.*[19]

O ano era 1936. Victor Serge, sucessivamente anarquista, comunista e trotskista, completava sua educação sobre economia. Quase uma década antes, na hora de sua expulsão do Partido Comunista da União Soviética (PCUS), ao admitir que o banimento dos demais partidos fora um erro irremediável, ele concluíra sua educação sobre política. A trajetória de Serge até esses diagnósticos forma um drama abrangente, encenado em meio à emergência dos totalitarismos stalinista e nazista.

---

[19] SERGE, Victor. *Memórias de um revolucionário*. São Paulo: Companhia das Letras, 1987, p. 367.

Serge nasceu, casualmente, em Bruxelas, o lugar de exílio de seus pais, russos anticzaristas empobrecidos. O exílio e a pobreza o acompanharam durante toda a vida. Não era destino, mas, de certo modo, escolha. Ele decidiu viver de acordo com suas convicções, que não se ajustavam aos ventos políticos predominantes no entreguerras. Por isso, escolheu sistemática e conscientemente, o lado "errado". Na Rússia, em 1918, durante a Guerra Civil, criticou o "terror vermelho" e, em 1923, inscreveu-se na Oposição de Esquerda liderada por Leon Trotsky. Na França, depois da breve passagem pela Bélgica, tornou-se um representante do POUM, o Partido Operário de Unificação Marxista, a ala esquerda e antistalinista dos republicanos espanhóis, até a invasão alemã de 1940, que o lançou a um novo exílio. No México e nos Estados Unidos, durante os últimos anos, sobreviveu quase como um pária, perseguido por agentes soviéticos e rejeitado pelos antigos camaradas trotskistas.

Durante alguns anos, às vésperas do fracassado levante comunista de 1923 na Alemanha, Serge trabalhou para a Terceira Internacional em Berlim. A organização era uma ferramenta dócil da vontade de Moscou e seus quadros políticos conformavam-se com a condição de ecos das diretivas superiores. Nas suas *Memórias*, Serge recorda as palavras amargamente irônicas de Julius Alpari, um redator húngaro da *Inprekorr*, a agência internacional de notícias dos comunistas: "Quando uma mulher bonita diz não, isso pode significar sim, explicava-me ele com um sorriso untuoso, quando um diplomata diz sim, pode significar não; quando eu digo sim ou não, isso não significa nem sim nem não...".[20] À diferença de Alpari, Serge resolveu fazer o "sim" significar "sim", e o "não", "não". Ele, e todos que o cercavam, pagaram o preço disso.

A esposa Liuba, uma bolchevique que trabalhou como estenógrafa de Lenin em 1921, derrapou em definitivo para a insanidade pouco depois da prisão de Serge, quando a perseguição aos dissidentes

---

[20] SERGE, Victor. *Memórias de um revolucionário*. Op. cit., p. 189.

atingiu seu pai, Alexander Russakov. A cunhada, Anita, desapareceu no campos do Gulag durante um quarto de século. Sua irmã mais velha foi presa e sua sogra, deportada. Ele mesmo, Liuba, o filho Vlady e a filha Jeannine, então com 18 meses, perderam a nacionalidade soviética no momento em que, de Bruxelas, Serge protestou contra o primeiro dos Processos de Moscou.

O revolucionário tantas vezes exilado morreu em novembro de 1947, vítima de um súbito ataque cardíaco, no banco de um táxi, na Cidade do México. Continuou a escrever até o último dia, mas não acumulou nenhum patrimônio, se excetuarmos umas poucas notas amassadas no bolso. Seu enterro foi pago por meio de uma coleta entre amigos.

O NOME DO TERMIDOR

Aos 15 anos, Serge já não vivia com seus pais e ingressou no Partido Socialista Belga. Logo, moveu-se para a esquerda, rumo aos anarquistas, e aos 19 foi expulso do país. Em Paris, ensinou francês para estudantes russos exilados, traduziu romances e poemas russos para o francês, passou fome, aprendeu o ofício de gráfico, escreveu artigos inflamados para jornais anarquistas. A seita anarquista da qual participava Serge situava-se na franja radical do individualismo libertário. "Muitos camaradas logo escorregariam para o que veio a se chamar ilegalidade, a vida já não à margem da sociedade, mas do código. (...) Quando se sentiram perdidos, decidiram fazer-se matar, não aceitando a prisão. 'A vida não vale isso!', dizia-me um deles, que não saía mais sem a sua browning."[21]

Em 1912, aos 22, foi preso, falsamente acusado de envolvimento num complô terrorista e sentenciado a cinco anos de confinamento solitário. Cumpriu-os, quase todos, em cárceres coletivos nos quais se misturavam criminosos, pequenos contraventores e prisioneiros

---

[21] SERGE, Victor. *Memórias de um revolucionário*. Op. cit., p. 15.

políticos. *Les hommes dans la prison* (*Os homens na prisão*), publicado em 1930, é sua narrativa da experiência definidora, que o ensinou a sobreviver em circunstâncias extremas e a distinguir, em poucos dias, aqueles que sobreviveriam dos que pereceriam. Saiu em 1917, numa Paris envilecida pelos anos de guerra, tomou um trem e desceu em Barcelona, na Espanha neutra.

Victor Lvovich Kibalchich usou pela primeira vez o nome literário Victor Serge num artigo para o jornal anarquista espanhol *Tierra y Libertad*. Era uma defesa do socialista austríaco de esquerda Friedrich Adler, condenado pelo assassinato do conde Karl Sturgkh. Pouco depois, sob o título "Cai um czar", um novo artigo sobre a Revolução de Fevereiro na Rússia celebrava "o grande místico Tolstói, anarquista cristão", "o amargo Gorki, socialista revolucionário", "o individualista Artzybacheir", "o pessimista Tcheschav", "o visionário Andreiev" que ensinavam "que é preciso recomeçar a vida".[22]

Os ventos da Rússia sopravam fortes na Catalunha. Um Comitê Operário, dirigido pela CNT, a central sindical anarquista, preparou uma greve geral insurrecional. Um levante desordenado, em julho de 1917, foi dispersado a tiros pela polícia. Em agosto, enquanto Serge já tentava, na França, encontrar um caminho para a Rússia revolucionária, uma insurreição operária deixou centenas de cadáveres nas ruas de Barcelona.

Não era fácil chegar à Rússia em meio à guerra. Serge tentou, sem sucesso, incorporar-se às tropas russas em vias de repatriação e arrumou um emprego precário numa gráfica. No fim, sob a suspeita de ser um bolchevique, foi preso em Paris e enviado a um campo de concentração no Loire, onde já se encontravam dezenas de revolucionários russos, todos rotulados pelas autoridades francesas como bolcheviques. A gripe espanhola pegou-os lá e os meses escorreram entre provações e tentativas frustradas de rebelião. Veio a Revolução

---

[22] SERGE, Victor. "Un Zar cae". *Terra y Libertad*, Barcelona, 4 de abril de 1917. http://www.cedall.org/Documentacio/Premsa%20Llibertaria/tierra%20y%20libertad/1910-1919/00346.pdf

de Outubro, o armistício e, finalmente, negociações entre os governos para a troca de reféns de guerra. O grupo de russos chegou a Petrogrado em janeiro de 1919, depois de atravessar, em trens, navios e a pé, cidades bombardeadas, campos nevados pontilhados de cruzes, portos nos quais soldados de várias nacionalidades se cruzavam voltando para seus países.

A Rússia gemia sob o peso da guerra civil, da fome e do tifo. Em um ou dois anos, Petrogrado, a "Capital do Frio, da Fome, do Ódio e da Tenacidade", numa frase de Serge, se reduzira de 3 milhões para 700 mil habitantes. "Bem se vê que você não é marxista", retrucou Grigory Zinoviev, ao diagnóstico de Serge sobre a inutilidade de esperar uma revolução iminente na França. "A História não pode mais parar pelo caminho", concluiu o mais antigo colaborador de Lenin.[23] Os bolcheviques, cercados e acuados, depositavam suas esperanças na História, com maiúscula, essa curiosa entidade da razão dialética, e fuzilavam seus oponentes. Serge viu a violência trágica, mas também que os contrarrevolucionários agiriam de modo simétrico, se estivessem no poder. Ficou com seus instintos, isto é, com os bolcheviques, mas decidiu não fazer carreira na revolução, o que lhe seria fácil. Trabalhou em jornais dos sovietes, no sistema de ensino em reconstrução, em cursos para milicianos – e não parou de conversar com os mencheviques e os anarquistas.

Aqueles eram os anos da Tcheka, a primeira polícia política soviética. Seu chefe, o culto e incorruptível Felix Dzerzhinski, o "anjo da Revolução", a encarava como uma ferramenta indispensável, mas contaminada por natureza, que seria jogada fora tão logo passasse o perigo. Serge, como diversos outros quadros bolcheviques, intercedeu por dezenas de pessoas, salvando a maioria delas, mas descobrindo que o terror vermelho adquirira vida própria. No caos da guerra civil, trabalhou para Zinoviev no aparelho da Internacional Comunista e casou-se com Liuba. No outono de 1919, ele passava as noites no fronte

---

[23] SERGE, Victor. *Memórias de um revolucionário*. Op. cit., p. 94-95.

de Petrogrado, ao lado de sacos de areia e ninhos de metralhadora; grávida, ela dormia quilômetros atrás, numa ambulância, com os objetos pessoais numa mala, pronta para a eventual retirada. Por duas vezes, o caminho de Serge cruzou com o de John Reed. A primeira, no início de 1920, quando preparou os documentos falsos para a viagem do jornalista americano de retorno a seu país, que seria frustrada pela prisão na Finlândia; a segunda, cinco meses mais tarde, quando o recepcionou no credenciamento de delegados ao Segundo Congresso da Internacional Comunista. A vitória bolchevique na guerra civil se desenhou mais ou menos na hora da instalação do congresso. Logo depois, Serge encontrou-se com Julius Martov, o líder quase proscrito dos mencheviques de esquerda. "Você verá, você verá, diziame, com os bolcheviques, a colaboração livre é sempre impossível".[24] O perigo está em nós mesmos, escreveu então Serge, pressentindo a permanência do terror.

Nestor Makhno, o chefe das forças guerrilheiras anarquistas da Ucrânia, firmou com os bolcheviques um acordo de colaboração na luta comum contra os exércitos brancos, da contrarrevolução. Logo depois do triunfo, o governo soviético traiu o acordo e prendeu os companheiros de Makhno, que conseguiu fugir. Em Moscou e Petrogrado, as organizações anarquistas foram postas fora da lei e seus líderes aprisionados. Na noite de 28 de fevereiro de 1921, os marinheiros de Kronstadt, a fortaleza naval de Petrogrado, amotinaram-se e declararam solidariedade a uma onda de greves operárias na cidade. "Termidor!", exclamou Lenin, referindo-se ao golpe que encerrou a etapa radical da Revolução Francesa. Na França, o "golpe do Termidor", em julho de 1794, provocou a execução dos líderes jacobinos. Na Rússia, "nós mesmos faremos o Termidor", decidiu Lenin: os amotinados seriam esmagados.

Kronstadt era o símbolo da Revolução de Outubro. Mas a nova geração da "guarnição vermelha", esgotada pela miséria, refletia o de-

---

[24] SERGE, Victor. *Memórias de um revolucionário*. Op. cit., p. 133.

sencanto dos operários e dos camponeses com o governo bolchevique. Os marinheiros exigiam o fim do "comunismo de guerra" e a renovação dos sovietes, por meio de eleições. "Sovietes sem bolcheviques", diziam alguns, mas não todos, ecoando uma bandeira dos partidos proscritos. O governo mentiu deliberadamente, apresentando o motim como uma nova sublevação dos derrotados exércitos brancos. Serge descobriu a mentira em poucas horas, como muitos outros. Tentou, junto com a anarquista americana Emma Goldman, articular uma mediação. Os mediadores russos foram presos, com a exceção de Serge, que contava com a proteção de Zinoviev.

No fim, temendo um sangrento desmoronamento da revolução, ele e seu pequeno grupo de amigos bolcheviques declararam apoio ao governo. "Do mesmo modo que o terror jacobino, o terror vermelho foi provocado diretamente pela intervenção estrangeira", escreveria Serge, numa tentativa de conciliar sua fidelidade aos bolcheviques com sua aversão ao terror.[25] No 17 de março, uma brigada de assalto marchou sobre o gelo e tomou a fortaleza rebelde. Muitos marinheiros foram fuzilados; outros acabaram presos e uma parte conseguiu fugir para a Finlândia. Ao longo de meses, a Tcheka fuzilou centenas daqueles presos em pequenos grupos.

Kronstadt tornou-se o nome do Termidor russo. Serge não o disse na época, nem depois. Mas aquele episódio terrível causou-lhe uma fissura psicológica insanável.

CONTRA A "LINHA JUSTA"

Depois de Kronstadt, Serge distanciou-se do núcleo do poder soviético. Na primavera de 1921, com o sogro, alguns amigos e um pequeno grupo de comunistas franceses, fundou uma colônia agrícola nos arredores do lago Ladoga, que fracassou em três meses. Na sequência, aceitou a oferta de Zinoviev de um posto clandestino em

---

[25] SERGE, Victor. *O ano I da Revolução Russa*. São Paulo: Ensaio, 1987, p. 344.

Berlim, onde trabalharia no serviço de imprensa da Internacional Comunista. Desse posto de observação privilegiado, assistiu à Marcha sobre Roma de Benito Mussolini e, com o espírito preparado para a derrota, a organização do desastroso levante comunista de outubro de 1923 na Alemanha.

O levante, dirigido de Moscou por Zinoviev, evidenciou a imensa arrogância que tomava conta da direção da Internacional Comunista. Chegou-se a fazer coincidir a data do assalto ao poder com o sexto aniversário do triunfo bolchevique de 1917. Serge escreveu uma mensagem ao Comitê Executivo da Internacional: "a menos que a iniciativa do partido se mescle com o movimento espontâneo das massas, ela estará fadada ao fracasso".[26] Não lhe deram atenção. O fracasso, uma derrota sangrenta, encerrou o ciclo de três sucessivos levantes operários alemães, evidenciou o isolamento da União Soviética e semeou o terreno para a ascensão de Joseph Stalin.

A linguagem das publicações da Internacional Comunista mudou de natureza. Começaram a se usar expressões como "monolitismo bolchevique", "bolchevização acelerada dos partidos irmãos" e "aprovação cem por cento da linha justa do Executivo". Irônico, Serge se indagava: "Por que não 300% de aprovação?".[27] Em 1925, depois de uma temporada em Viena, pediu para retornar à União Soviética. Ele queria ajudar a renovar seu partido por dentro e tendia a se alinhar com a Oposição de Esquerda organizada em torno de Trotsky dois anos antes.

O triunvirato formado por Stalin, Zinoviev e Lev Kamenev controlava o PCUS desde a morte de Lenin, em janeiro de 1924. Contudo, no 14º Congresso do PCUS, em dezembro de 1925, Stalin derrotou os dois outros triúnviros e, com o apoio de Nikolai Bukharin, o autor da tese do "socialismo num só país", concentrou o poder em suas mãos. Nos meses seguintes à morte de Lenin, uma vasta campanha de recru-

---

[26] WEISSMAN, Susan. *Victor Serge: the course is set on hope*. Londres: Verso, 2001, p. 59.

[27] SERGE, Victor. *Memórias de um revolucionário*. Op. cit., p. 221.

40

tamento de militantes mudara a face do partido. Em busca de um lugar ao sol, o meio milhão de novos filiados aderiam ao partido que se identificava com o poder de Estado – e seguiam sua máquina burocrática, dominada por Stalin. "Os que fizeram a revolução são removidos pelos que ascendem", explicaria Serge numa carta de 1928.[28]

Da ruptura no antigo centro de poder nasceu a Oposição Unificada, que reuniu a Oposição de Esquerda de Trotsky à Oposição de 1925, de Zinoviev e Kamenev, além de facções menores. Serge logo se destacou na facção trotskista e seus artigos para as revistas francesas *Clarté* e *La Vie Ouvrière* figuram entre as melhores sínteses públicas do programa oposicionista. Ele se reunia na célula oposicionista clandestina de Leningrado (a antiga Petrogrado), coordenada por Aleksandra Sokolovskaya, a ex-mulher de Trotsky. Tanto quanto a seus camaradas de célula, a notícia da coalizão com Zinoviev e Kamenev, os chefes dos burocratas "que nos haviam perseguido e caluniado", provocou-lhe um choque elétrico.[29] Depois, a lógica da situação e a força persuasiva de Trotsky romperam as resistências.

Nas assembleias plenárias do partido, hordas de funcionários stalinistas insultavam os representantes da Oposição, impedindo-os de falar. Serge estava entre as raras exceções. Ele ainda conseguia se pronunciar, apesar das limitações de tempo impostas pelos dirigentes. Num encontro com Trotsky, confidenciou não acreditar numa reversão do cenário político. "O risco sempre existe; às vezes, termina-se como Liebknecht, às vezes como Lenin", ouviu de volta.[30] O comunista alemão Karl Liebknecht, um dos líderes do fracassado levante espartaquista de janeiro de 1919, terminou preso e assassinado.

A Oposição Unificada foi dizimada em 1927. No décimo aniversário da Revolução Russa, os oposicionistas participaram do desfile oficial em Leningrado com cartazes próprios e foram dispersados por milicianos montados e funcionários stalinistas. Trotsky e Zinoviev fo-

---

[28] WEISSMAN, Susan. *Victor Serge: the course is set on hope*. Op. cit., p. 82.

[29] SERGE, Victor. *Memórias de um revolucionário*. Op. cit., p. 244.

[30] WEISSMAN, Susan. *Victor Serge: the course is set on hope*. Op. cit., p. 94.

ram expulsos do partido. Adolph Joffe, um dos principais líderes da Oposição de Esquerda, gravemente doente, suicidou-se em 12 de novembro, quando recebeu a notícia de que Stalin recusara seu pedido de autorização para tratar-se no exterior. No XV Congresso, em dezembro, Zinoviev e Kamenev capitularam a Stalin, de modo a serem aceitos de volta. Serge não capitulou e, ao contrário, denunciou sem cessar a repressão aos opositores.

No último dia de janeiro de 1928, Trotsky seguiu para o exílio interno, em Alma Ata (Cazaquistão), enquanto Serge era expulso do partido. Entre março e maio, passou sua primeira temporada numa prisão soviética. Em 1929, apenas três oposicionistas célebres permaneciam em liberdade na "pátria do socialismo": o próprio Serge e Aleksandra Sokolovskaya, em Leningrado, e o espanhol Andrés Nin, em Moscou. Nos cinco anos seguintes, monitorado de perto por agentes da GPU, a nova polícia política, Serge trabalhou no Instituto Lenin traduzindo obras do fundador do Estado soviético. Durante esse período, decidiu recomeçar a escrever obras de história e de ficção, algo que deixara de fazer para servir à causa da revolução internacional. Ele ofereceria às gerações futuras um testemunho da ascensão do stalinismo. Nenhuma das obras literárias ou históricas que ele produziu a partir daquele momento foi publicada na União Soviética até 1991.

O primeiro Plano Quinquenal foi anunciado em 1928, junto com o abandono da Nova Política Econômica (NEP). Era o sinal anunciador de uma reviravolta política brutal, deflagrada pela coletivização forçada da agricultura, e da ruptura entre Stalin e Bukharin. No início de 1929, o arauto da NEP e defensor dos interesses dos pequenos camponeses foi expelido da direção do partido. Os anos seguintes, de guerra entre o Estado soviético e a massa de pequenos proprietários rurais, desataram a tragédia da grande fome, primeiro na Ucrânia, depois em toda a União Soviética. A repressão stalinista, então, ganhou intensidade ainda maior. Em dois anos, após o fim da NEP, segundo cálculos de Serge, algo entre 4 mil e 5 mil oposicionistas – comunistas, socialistas, anarquistas e sindicalistas – foram enviados para o Gulag. Em março de 1933, chegou a vez de Serge.

MEIA-NOITE NO SÉCULO

"Formalidades de ingresso, um escritório de registro, repartições pelas quais um homem passa como um grão no seu caminho ruo a um intrincado mecanismo de moagem".[31] Serge conhecia aquilo tudo, em regimes políticos diferentes e circunstâncias diversas. A singularidade era que ele tratava com comunistas. O primeiro interrogador, em Leningrado, questionou-o amavelmente durante doze horas. O segundo, o juiz Boguin, já em Moscou, queria "uma confissão completa" de uma inexistente conspiração trotskista. O diálogo inicial é um retrato exemplar do funcionamento do sistema judiciário do totalitarismo.

"Bem, falemos como comunistas que somos, você e eu. Estou no lugar que o partido me atribui. Você, você pensa servir o partido, eu entendo. Admite a autoridade do CC?". Serge não podia admitir, pois daquilo seguiria a exigência de uma confissão, em nome dos interesses supremos o partido. "Perdão. Fui excluído. Não solicitei readmissão. Não estou mais sujeito à disciplina do partido...". O juiz: "Você é deploravelmente formalista!" Serge, o formalista, solicitou ser informado da acusação. O juiz: "Que formalismo! Então você quer que eu ponha as cartas na mesa?". Serge: "Estamos jogando cartas?".[32]

A "moagem" se daria numa colônia de deportação interna, em Orenburgo, no Cazaquistão, às margens do rio Ural. No trajeto, conseguiu o que era impossível em Leningrado: encontrar camaradas da Oposição, que seguiam para diversos lugares de deportação. Liuba e Vlady juntaram-se a Serge em 1934. O filho ficou; Liuba retornou a Moscou para se tratar. Negaram-lhe trabalho, como represália à sua recusa em subscrever a "linha justa" do partido. Ele encontrou uma

---

[31] WEISSMAN, Susan. *Victor Serge: the course is set on hope.* Londres: Verso, 2001, p. 145.

[32] SERGE, Victor. *Memórias de um revolucionário.* Op. cit., p. 328-329.

cidade com igrejas recentemente destruídas, padres e bispo deportados na Sibéria, a sinagoga fechada. Apenas as mesquitas permaneciam intocadas, pois o governo soviético queria evitar a piora das já tensas relações com a maioria muçulmana da população da Ásia Central.

"Pelo menos metade da cidade pobre, dos escolares às velhas, era alcoólatra; nos dias de festas revolucionárias, a cidade inteira estava bêbada".[33] Na pobreza geral de Orenburgo, ele sobreviveu abaixo da linha da miséria, basicamente dos talões de pão da GPU e de incertos, ocasionais pagamentos de direitos pelas vendas de seus livros na França. Deportados "arrependidos" obtinham empregos decentes; os demais, apenas trabalhos precários, que perdiam sucessivamente por obra da GPU. Uma ex-trotskista, esposa de um "arrependido" ainda aprisionado, conseguiu um emprego de bibliotecária e aceitou a missão de extirpar da biblioteca pública as obras de Trotsky e outros intelectuais dissidentes, que constavam de um índex periodicamente renovado. Stalin ainda não passara à etapa do extermínio físico em massa dos opositores.

A GPU brincava de gato e rato com os exilados, procurando pretextos para acusá-los de articularem assombrosas conspirações. Um professor de história contou-lhes que foi deportado porque suas aulas continham alusões "subversivas" à Revolução Francesa e, em particular, ao golpe do Termidor. Ele informou a Serge que Trotsky decidira fundar a Quarta Internacional, coisa que só ocorreria realmente em 1938, e preconizou a formação de um comitê clandestino de oposição, liderado por "uma cabeça". O homem dizia falar em nome de "camaradas" bem organizados em Moscou. "Você, meu camarada, você é um agente provocador", concluiu Serge, enquanto respondia-lhe que não precisavam da clandestinidade.[34]

No final de 1934, Serge caiu de cama, derrubado por um antraz, uma doença bacteriana causada pela exposição a tecidos de animais

---

[33] SERGE, Victor. *Memórias de um revolucionário*. Op. cit., p. 342.
[34] SERGE, Victor. *Memórias de um revolucionário*. Op. cit., p. 351.

44

infectados. Foi internado no "serviço dos purulentos" do hospital de Orenburgo, lotado de pacientes que sofriam da combinação de subnutrição e alcoolismo. Saiu vivo, muitas semanas depois. Ao longo de 1935, desenvolveu-se na França uma vigorosa campanha de opinião pela libertação de Serge. Desafiando André Malraux e Louis Aragon, sempre fiéis ao governo soviético, diversos intelectuais protestaram no Congresso Internacional de Escritores em Defesa da Cultura, em Paris. André Gide, ainda sob o fascínio do stalinismo, disse que "a segurança da União Soviética deve ser a coisa mais importante para nós" e declarou seu "amor" à pátria socialista.[35]

Um desenho de março de 1936 mostra um Serge abatido, mas firme, sob o fundo das estepes ainda nevadas de Orenburgo. Vlady, o autor do desenho, tinha 16 anos e já se evidenciava a apurada técnica que o transformaria num consumado artista plástico. No fim, sob intensa pressão, tanto Gide quanto o pacifista Romain Rolland, um admirador declarado de Stalin, pediram também a libertação do dissidente. Serge foi libertado e expulso da União Soviética em abril de 1936. Meses depois, Gide visitou a União Soviética, uma experiência determinante na sua ruptura com o stalinismo. Antes da partida, leu uma carta pública de Serge que lhe pedia a "coragem da lucidez", a coragem de "não fechar os olhos" diante dos crimes do regime soviético.[36]

O governo conservador francês de Pierre Laval negou a Serge o visto de entrada, mas uma permissão foi obtida pelo socialista belga Emile Vandervelde, que ocupava um cargo ministerial. A experiência de Orenburgo inspirou o mais notável dos romances de Serge, *S'il est minuit dans le siècle* (*Meia-noite no século*), um relato sobre as relações entre o poder da polícia política e um grupo diverso de deportados colocados diante do problema da sobrevivência, que ganharia sua primeira edição em Paris, em 1939. Num trecho do romance, Elkine, o

[35] LOTTMAN, Herbert R. *The Left Bank: writers, artists and politics from the Popular Front to he Cold War*. Chicago: University of Chicago Press, 1998, p. 95.

[36] SERGE, Victor. "Open Letter to André Gide" (1936). Marxist's Internet Archive: Victor Serge. http://www.marxists.org/archive/serge/1936/xx/letter-gide.htm

"velho bolchevique" deportado, dirige-se assim a seus companheiros, entre eles o veterano operário Rodion:

— *Nós temos razão, camaradas, razão como a pedra de ser dura, como a relva de crescer, pois a revolução não se extinguirá. Sem nós, nada restaria senão o concreto armado, as turbinas, os alto-falantes, os uniformes, os explorados, os farsantes e os fingidos (...). Detenhamo-nos um momento ao sol. Talvez nos aprisionem esta noite nos subterrâneos da Segurança. Tenham consciência disso para apreciar a doçura do sol. Eu vos ensino a sabedoria! Vocês se deitarão um dia num beliche, sob uma desesperadora penumbra: lembrem-se, então, do sol desse instante. Não há felicidade maior na vida, exceto o amor, que o sol nas veias...*

— *E o pensamento, pergunta Rodion, o pensamento?*

— *Ah, mas o que há, agora, na nossa cabeça é um sol de meia-noite. Glacial. Que fazer se é meia-noite no século?*

— *Somos os homens da meia-noite, diz Rodion, com uma espécie de alegria.*[37]

A VIDA DOS LIVROS

O Processo dos Dezesseis, primeiro dos Processos de Moscou, terminou com a execução de Zinoviev, Kamenev e todos os coacusados. Na França, o triunfo eleitoral da Frente Popular, formado por socialistas e comunistas, abriu um caminho para Serge, cuja permissão de residência acabava de ser cassada na Bélgica. Ele se transferiu para Paris, sob o governo do socialista Leon Blum. Contudo, as calúnias delirantes emanadas de Moscou atingiram a França e as revistas, jornais e editoras sob influência comunista se fecharam para Serge. O veto se estendia a publicações socialistas, que não tinham disposição para enfrentar os aliados comunistas na coalizão de governo.

Na Espanha, a guerra civil eclodiu em julho de 1936 com o *pronunciamiento* dos generais contra o governo da Frente Popular de

---

[37] SERGE, Victor. *Les Révolutionnaires: romans.* Paris: Seuil, 1980, p. 574.

Manuel Azaña. Serge tornou-se correspondente do POUM em Paris. O partido espanhol, dirigido pelo velho camarada Andrés Nin, formara-se pela união dos trotskistas da Oposição de Esquerda com antistalinistas da Catalunha que se moviam na direção da Internacional Socialista. Trotsky se opusera vigorosamente à aliança e rejeitava a decisão de Nin de participar da Frente Popular, uma ampla aliança de governo entre socialistas, comunistas, republicanos, nacionalistas catalães e anarquistas. Serge, por outro lado, depositava suas esperanças no POUM, que exercia uma influência de massas superior à dos comunistas.

A questão espanhola separou Serge da Quarta Internacional. Mas os desacordos com Trotsky tinham um lastro mais pesado. Serge enxergava na Tcheka e na tragédia de Kronstadt os degraus da ascensão do stalinismo; Trotsky permanecia fiel às decisões cruciais tomadas pelos bolcheviques nos primeiros anos revolucionários. Do ponto de vista de Trotsky, Serge nunca deixara de ser, no fundo, um anarquista; Serge admirava Lenin e Trotsky, mas identificava neles algumas das sementes do totalitarismo stalinista. Na opinião de Serge, as veementes críticas de Trotsky ao POUM refletiam o sectarismo bolchevique, uma aversão visceral à diversidade política entre os revolucionários, o sintoma de uma perigosa inclinação ao centralismo.

A palavra "sectarismo" emerge no início da polêmica entre os dois. Trotsky estava enfurecido com o que lhe parecia ser uma acusação pessoal dirigida contra ele. Serge replicou com uma carta calorosa que explicava: "Não é você que acuso de sectarismo, mas todo o nosso movimento". A carta dizia que o sectarismo derivava do isolamento político dos revolucionários e sugeria uma declaração da Quarta Internacional explicando aos anarquistas e sindicalistas da Catalunha que "a ditadura do proletariado deve e irá significar a verdadeira liberdade para os trabalhadores", inclusive a "liberdade de pensamento e de tendências".[38]

Os embates políticos foram contaminados por intrigas que fugiam ao controle tanto de Serge quanto de Trotsky. Na seção francesa

---

[38] SERGE, Victor. "Letter to Leon Trotsky" (10 de agosto de 1936). Marxist's Internet Archive: Victor Serge. http://www.marxists.org/archive/serge/1936/08/letter-trotsky.htm

da Quarta Internacional, destacava-se a figura de Mark Zborowski (*nom de guerre*, Etienne), que conseguira se converter no braço direito de Leon Sedov, filho de Trotsky e um dos principais dirigentes da organização. Etienne inventou e difundiu quase todas as pequenas intrigas entre Serge e o líder exilado no México. Comprovou-se, em 1955, que Etienne operara desde 1933 como agente infiltrado da NKVD (Comissariado do Povo para Assuntos Internos), a polícia política soviética. A misteriosa morte de Sedov, em 1938, pode ter sido engendrada pelo agente, que desempenhou um papel secundário na trama do assassinato do próprio Trotsky.

Apesar das divergências políticas, Trotsky conservou uma ligação pessoal profunda com Serge. Quando Jacques Sadoul publicou no *L'Humanité*, o jornal do Partido Comunista Francês, um artigo difamatório que classificava Serge como um "mercenário da caneta" e um cúmplice nos "crimes de Trotsky e dos réus do Julgamento de Moscou", Trotsky enviou ao antigo camarada uma carta que pulsava de indignação:

> *Eu não poderia deixar de expressar minha simpatia e solidariedade com você, e ao mesmo tempo dizer aos trabalhadores franceses: Jacques Sadoul está mentindo! (...) Mas o caluniador atingiu as profundidades da ignomínia nas linhas em que (...) o chama, Victor Serge, de serviçal literário de outros. (...) você permaneceu nas fileiras da Oposição sem hesitações, em meio a uma repressão sem precedentes, quando pessoas menos resolutas capitulavam uma após a outra. Na prisão e no exílio, você pertenceu ao grupo daqueles cujos carrascos termidorianos não conseguiram quebrar. Você escolheu, meu caro amigo, uma trilha muito ruim para se assegurar de "carreira e vantagens materiais".*[39]

A invasão alemã da França encurralou Serge. Paris caiu em junho de 1940. Serge fugiu para Marselha e, como tantos outros, con-

---

[39] WEISSMAN, Susan. *Victor Serge: the course is set on hope*. Londres: Verso, 2001, p. 187.

seguiu auxílio da rede de comitês criada pelo jornalista americano Varian Fry, que organizava a retirada da Europa de intelectuais e ativistas perseguidos pelo nazismo. No início de 1941, ele já estava abrigado na Villa Air-Bel, uma casarão nos arredores de Marselha que servia como lugar de esconderijo e trânsito para os refugiados. Uma foto mostra Serge com um toco de cigarro na mão no jardim de mansão, ao lado do jornalista Charles Wolff, com seu indefectível cachimbo, e dos poetas surrealistas Benjamin Péret e André Breton.

Serge e Vlady desembarcaram no México em setembro de 1941, mais de um ano após o assassinato de Trotsky. Em pouco tempo, Serge estava casado com a arqueóloga Laurette Séjourné, então com 31 anos, que aderiria ao Partido Comunista Mexicano logo após a morte do marido. Séjourné diria bem mais tarde que era jovem demais para entender a "vida cheia demais de tragédia e escuridão" do marido.[40] O último exílio foi muito mais que um deslocamento geográfico. O ex-anarquista, ex-bolchevique, semitrotskista era, antes de tudo, um europeu. Ele fazia parte de um mundo em extinção – e se comunicava muito mal em espanhol. Ganhava pouco, desentendia-se com a esposa, amargurava-se com a rebeldia de Vlady, que se manifestava nos pequenos círculos políticos dos quais participavam.

A aliança de guerra entre a União Soviética e os Estados Unidos praticamente fechou a Serge as portas dos jornais americanos. Ele escreveu romances e quase conseguiu concluir suas *Memórias*, que seriam publicadas em Paris, em 1951, a partir de originais incompletos e não revisados. Nunca ficou completamente satisfeito com seus livros:

> *Provavelmente é aos meus livros que mais me apego, mas produzi muito menos que desejaria, apressadamente, sem poder me reler, lutando. Meus livros tiveram um destino singular. Na minha primeira pátria, a Rússia, e exatamente porque eu pretendia servi-la sem mentiras, foram proibidos, todos, antes mesmo de serem publicados (...). Meus livros encontraram uma*

[40] SULLIVAN, Rosemary. *Villa Air-Bel*. Nova York: HarperCollins, 2007, p. 18.

boa acolhida na França e na Espanha; destruíram-nos na Espanha e ignoro o que aconteceu a eles na França. Nos Estados Unidos, salvo duas exceções, os editores conservadores consideraram-nos demasiadamente revolucionários e os editores de esquerda demasiado antitotalitários, isto é, duros demais em relação ao regime stalinista.[41]

Serge, um "homem da meia-noite", foi enterrado sob uma lápide sem inscrições. Seus livros sobreviveram, cada vez mais lidos e apreciados. Escritos com paixão e arte, eles são clarões de lucidez num tempo de destruições, ruínas e sombras.

---

[41] SERGE, Victor. *Memórias de um revolucionário.* Op. cit., p. 424.

UMA INSÔNIA FEBRIL

Filippo Tommaso Marinetti, poeta do fascismo (1876-1944)

Sábado, 8 de outubro de 1910, é a data do decreto de expulsão de religiosos católicos, especialmente jesuítas, emanado do governo republicano que, três dias antes, derrubara a monarquia em Portugal. Naquele sábado, em Milão, pintores, poetas e críticos literários aglomeraram-se na sala austera da 3ª Seção do Tribunal, que daria o veredito sobre a acusação de obscenidade que pesava contra o romance *Mafarka il futurista*, de Filippo Tommaso Marinetti. Publicado no ano anterior, *Mafarka*, nas palavras de Marinetti, "descreveu a ascensão impressionante de um herói africano feito de audácia e destreza" que "manifestou a mais veemente vontade de viver e predominar em inúmeras batalhas e aventuras, derrotando os exércitos dos negros" e, em seguida, "alçou-se subitamente do heroísmo guerreiro ao filosófico e artístico" para criar, numa luta "contra as leis materiais e mecânicas", seu "filho ideal", um "herói alado" a quem infunde vida "por um beijo supremo, sem ajuda da mulher que testemunha o parto sobre-humano".[42] O tribunal absolveu o autor, que já era uma figura bastante conhecida graças à extensa difusão do Manifesto Futurista.

Marinetti tinha uma atração singular pela tecnologia e, em particular, pela ideia arrebatadora da velocidade. Os trens prometiam aniqui-

---

[42] MARINETTI, Filippo Tommaso. "Interrogatorio di F. T. Marinetti". IN: MARINETTI, Filippo Tommaso & Outros. *Il processo e l'assoluzione di "Mafarka il Futurista"*. Project Gutenberg E-Book, 2008. http://www.gutenberg.org/cache/epub/25211/pg25211.html

lar a distância e o tempo. A era do automóvel, na sua infância, oferecia um tipo de liberdade jamais experimentada antes. Em 1909, apenas uma década após a fundação da Fiat, o poeta já dirigia um automóvel em Milão. Um dia, numa estrada vicinal nos arredores da cidade, ele desviou-se de dois tranquilos ciclistas e capotou em uma vala. O carro e o motorista foram resgatados por um grupo de pescadores. Da vala, ergueu-se um novo homem, pronto a anunciar a alvorada para o mundo. Dias depois, em 20 de fevereiro, o jornal parisiense *Le Figaro* publicava o Manifesto Futurista.

O "manifesto de violência esmagadora e incendiária" consagrava-se a "exaltar o movimento agressivo, a insônia febril", "cantar o amor ao perigo, o vício da energia e da audácia", "glorificar a guerra – única higiene do mundo –, o militarismo, o patriotismo", "destruir o museu, a biblioteca, as academias de todas as espécies" e "combater contra o moralismo, o feminismo e todas as covardias oportunistas e utilitárias".[43] A política e a arte não eram, para Marinetti, domínios separados. Mafarka, seu herói africano, saltara da guerra para a filosofia e a arte; o poeta, hipnotizado pela ideia da guerra, saltaria da arte para a política, inventando o embrião do fascismo italiano.

O futurismo decolou no processo contra *Mafarka*. Nos meses anteriores ao julgamento, duas peças teatrais de Marinetti fracassaram diante do público e da crítica. O próprio Marinetti, caracteristicamente, ajudou a vaiar uma delas, mas também desafiou um crítico exaltado para um duelo. Entretanto, a acusação judicial de obscenidade converteu-se num pólo de aglutinação de artistas em revolta estética. No tribunal milanês, estavam o poeta Aldo Palazzeschi e os pintores Umberto Boccioni, Carlo Carrà e Luigi Rossolo, que também produzia música experimental. Depois da absolvição, Marinetti e seus novos companheiros inauguraram as Noites Futuristas, uma série de *happenings* que atraíram pequenas multidões. Neles, entre aplausos entusiasmados, vaias iracundas e gritos jocosos, os jovens iconoclastas declamavam manifestos contra a arte da Belle Époque.

---

[43] MARINETTI, Filippo Tommaso. *I manifesti del futurismo*. Project Gutenberg E-Book, 2009. http://www.gutenberg.org/files/28144/28144-h/28144-h.htm

54

Entre o Manifesto Futurista e a fundação do Partido Político Futurista passaram-se nove anos decisivos. No intervalo, a Belle Époque foi consumida inteiramente pelas salvas de artilharia da Primeira Guerra Mundial, os bolcheviques chegaram ao poder na Rússia e a velha ordem europeia cedeu aos nacionalismos e aos impulsos revolucionários. Um ano depois de fundar seu partido, Marinetti desistiu dele para se incorporar ao Partido Fascista, de Benito Mussolini. O Manifesto Fascista foi escrito a quatro mãos, por Marinetti e pelo líder sindicalista Alceste De Ambris.

A etapa inicial do "fascismo futurista" italiano durou poucos meses – ou existiu apenas na imaginação de uma pequena coleção de intelectuais e artistas. O Congresso Fascista de 1920 assistiu à retirada de um Marinetti indignado com a "traição" dos ideais modernistas. Mais tarde, ele voltou e tentou quase tudo para ser admitido no círculo interno do poder. A oscilação do artista sintetiza os dilemas explosivos do fascismo italiano e, num outro plano, a impossível tentativa de conciliação entre a arte revolucionária e o nacionalismo. Morreu em dezembro de 1944, escrevendo poemas de celebração das forças italianas de torpedeiros que, na hora do desastre militar, se mantiveram leais a Mussolini e à sua República de Saló.

ARTISTA E GUERREIRO

O nacionalista Marinetti não nasceu na Itália, mas no Egito, e completou seus estudos pré-universitários na França. Atraído pelas perspectivas de negócios geradas com a abertura do Canal de Suez, o advogado Enrico Marinetti transferiu-se com a mulher, a milanesa Amalia Grolli, para Alexandria, no delta do Nilo. Eles tiveram dois filhos, Leone e Filippo Tommaso, que estudaram em um liceu dos jesuítas franceses. Aos 16 anos, Tommaso fundou a revista escolar *Papyrus*, que reproduzia trechos dos romances escandalosos de Émile Zola e lhe valeu ameaças de expulsão. Logo depois, em 1893, Enrico e Amalia voltaram para Milão e compraram um grande apartamento na esquina da avenida Senado com a rua Venezia. Os vizinhos, maliciosos, diziam que a fortuna dos Marinetti só poderia ter se originado do tráfico de escravas brancas.

Tom, como era chamado por familiares e amigos, foi enviado a Paris, onde obteve um bacharelado em Letras na Sorbonne. Em seguida, ingressou na Universidade de Pavia. Contudo, sob o impacto da morte precoce do irmão Leone, em 1895, vítima de uma forma aguda de artrite, a família o enviou para a Universidade de Gênova, onde doutorou-se em Direito em 1899. O jovem, porém, nem tentou começar uma carreira de advogado, preferindo escrever poesia, prosa, teatro e ensaios políticos.

Ele tinha dinheiro e duas residências, em Milão e Paris. Seus primeiros poemas épicos, escritos em francês e inspirados pelo movimento simbolista, apareceram na França. Com a morte de Amalia, Enrico decidiu dividir fisicamente o apartamento milanês, de modo que ele e o filho pudessem dispor da privacidade adequada para perseguir aventuras amorosas. Para Tom, porém, a arte vinha antes das mulheres. Na sua metade do apartamento, ele criou a revista *Poesia*, uma publicação elegante em torno da qual reuniu jovens poetas inquietos.

Tom tornou-se Marinetti, um artista razoavelmente conhecido, em 1905, ano da estreia de sua primeira peça teatral, a tragédia satírica *Roi Bombace*, encenada em Paris. No folheto de apresentação, ele dedicou a obra a Filippo Turati, Enrico Ferri e Antonio Labriola, "os grandes cozinheiros da felicidade universal". O sociólogo Turati, um dos fundadores do Partido Socialista Italiano (PSI), se tornaria uma das vozes de oposição a Mussolini no interior do movimento socialista. O criminologista Ferri, discípulo de Cesare Lombroso, também fez seu caminho político no PSI, mas apoiou a facção de Mussolini e, mais tarde, o regime fascista italiano. Labriola, falecido no ano anterior, pioneiro do marxismo na Itália, deixou uma importante obra filosófica e política, que viria a exercer forte influência sobre os jovens Antonio Gramsci e Amadeo Bordiga, os fundadores do Partido Comunista Italiano (PCI) em 1921.

A fama, contudo, chegou com o Manifesto Futurista e suas derivações nos terrenos da pintura, da escultura, da música, da drama-

56

turgia e da fotografia. O grupo futurista italiano não produziu muitas obras artísticas notáveis, mas sabia redigir manifestos e provocar alarido. Os ecos da agitação futurista aterrissaram na França, onde Guillaume Apollinaire escreveu seu próprio manifesto, dedicando-o a Marinetti, e em Portugal, por meio do periódico *Portugal Futurista*.

A política e a guerra estavam ali, no limiar da turbulência cultural do futurismo. Em 1911, Marinetti aceitou o convite de um jornal francês para cobrir a Guerra Turco-Italiana (a "Guerra di Libia", na Itália). Ele testemunhou o primeiro voo de reconhecimento militar, conduzido pelo piloto Carlo Piazza, e o bombardeio aéreo inaugural, realizado pelo piloto Giulio Gavotti, que não deixou vítimas. O jovem oficial Mustafa Kemal, futuro fundador da república turca, distinguiu-se na Batalha de Tobruk. A Itália venceu, acelerando a crise que extinguiria o Império Turco-Otomano, expandindo seu controle sobre a Líbia e exaurindo as reservas de seu Tesouro. O avião fixou-se, hipnoticamente, no pensamento de Marinetti. No ano seguinte, ele publicou *Le monoplan du Pape*, um romance em versos, nacionalista, anticlerical e antiaustríaco.

O avião, sempre o avião. Quase simultaneamente ao "monoplano do papa", Marinetti lançou o Manifesto Técnico da Literatura Futurista, introduzido por um narrador que voa "duzentos metros acima das possantes chaminés de Milão" e, sob o influxo da "hélice turbilhonante" do aparelho, enuncia onze mandamentos que conclamam à abolição da sintaxe, da pontuação, do verbo, do advérbio e do "eu".[44]

Meses antes da "Guerra di Libia", em 30 de abril de 1911, abriu-se em Milão a Primeira Exposição de Arte Livre, com meia centena de quadros futuristas de Boccioni, Carrà e Rossolo. A crítica mais pesadamente partiu do pintor toscano Ardengo Soffici, que os acusou de provincianismo, deplorando o desconhecimento do cubismo pelo grupo de pretensos modernistas italianos. Os três devolveram a ofensa com uma expedição punitiva a Florença, narrada nas memórias de Carrà. Guia-

---

[44] CALBUCCI, Eduardo. "Marinetti e Mário: (des)conexões entre o Manifesto Técnico da Literatura Futurista e o 'Prefácio Interessantíssimo'". *Revista USP* n. 79, setembro/novembro 2008, p. 207.

dos por Palazzeschi, os vingadores encontraram o algoz crítico num café. Boccioni confirmou a identidade de Soffici e o estapeou. O agredido reagiu com golpes aleatórios de bengala e o lugar se transformou num pandemônio, até que a intervenção policial restaurou a ordem.

Marinetti foi um inspirador, mas não um mentor dos futuristas, que seguiam caminhos diversos e polemizavam dentro do movimento. Em 1914, o ensaísta e poeta Giovanni Papini escreveu uma longa análise crítica do movimento na qual estabelecia distinções entre o futurismo e o "marinettismo". À ideia futurista de absorção e superação da cultura, Marinetti opunha o culto da ignorância. Ao desprezo pelo culto do passado, ele opunha o desprezo pelo próprio passado. Os futuristas apregoavam a combatividade e o patriotismo, mas Marinetti preferia o militarismo e o chauvinismo. Enquanto os futuristas defendiam a liberdade sexual, Marinetti pregava o desprezo pela mulher.[45]

A Grande Guerra foi a ocasião para o ingresso definitivo dos futuristas na arena da política. No fim de 1914, Marinetti e seus companheiros mais próximos publicaram o manifesto "Síntese Futurista da Guerra", um quadro sinótico no qual os Aliados formam uma frente unida do futurismo contra o "passadismo", expresso pela "cultura germânica" e representado pela coalizão entre Alemanha e Áustria. De acordo com o manifesto, o teatro da guerra militar corresponderia, exatamente, ao cenário de uma guerra cultural.

A Itália só declarou guerra à Áustria-Hungria em maio de 1915 e à Alemanha em agosto do ano seguinte. Marinetti, Boccioni e outros futuristas partipiram ativamente da agitação pela entrada na guerra. Por duas vezes, fizeram manifestações públicas e queimaram bandeiras austríacas, o que lhes rendeu alguns dias na cadeia. Na segunda, em fevereiro de 1915, em Roma, o líder dos futuristas foi preso junto com Mussolini. Os dois já se conheciam, pois Marinetti frequentara os círculos socialistas de Milão, mas Mussolini acabara de romper com o PSI e se dedicava de corpo e alma à agitação nacionalista antiaustríaca.

---

[45] CALBUCCI, Eduardo. "Marinetti e Mário: (des)conexões entre o Manifesto Técnico da Literatura Futurista e o 'Prefácio Interessantíssimo'". Op. cit., p. 209.

Os futuristas queriam sentir o gosto da batalha. Na hora da declaração de guerra à Áustria, Marinetti e diversos outros futuristas se alistam no Batalhão Lombardo de Voluntários Ciclistas e partem para o fronte. Boccioni voltou depois de alguns meses e, sob uma difusa influência de Cézanne, desviou-se da pintura futurista, até se reincorporar ao Exército e morrer vítima de uma queda de cavalo. Carrà, depois de algumas peripécias, serviu ao esforço de guerra num hospital de Ferrara, conheceu De Chirico e rompeu com os princípios pictóricos do futurismo. O arquiteto Antonio Sant'Elia morreu em combate, em 1917. Russolo foi ferido em batalha. Marinetti, também ferido, retornou ao fronte, participou dos combates derradeiros na região do Veneto e foi condecorado com duas medalhas de mérito militar. De volta a Milão, fundou o Partido Político Futurista Italiano.

O "BIENNIO ROSSO"

"O nosso Partido Político quer criar uma democracia futurista livre que, desprezando a utopia pacifista de leite e mel, tinja o seu potencial de desenvolvimento dos típicos valores enérgicos de todo o povo italiano". Um nacionalismo extremado, radical e belicista emoldurava o discurso do partido de Marinetti. O partido se declarava antimonárquico mas rejeitava "o ideal republicano rançoso e flexível" e propunha um "governo técnico de 30 ou 40 jovens diretores competentes", eleitos "por todo o povo através dos sindicatos", sem o estorvo de um parlamento. Erguia as bandeiras do voto feminino e da "abolição gradual do matrimônio" pela simplificação do divórcio. Como "um anticlericalismo intransigentíssimo", prometia "libertar a Itália da Igreja" e expulsar o papado.[46]

O projeto de partido quase não saiu do laboratório. Em 23 de março de 1919, quando Mussolini proclamou a fundação dos Fasci Italiani di Combattimento, o embrião do partido fascista, na Piazza

---

[46] MARINETTI, Filippo Tommaso. *Democrazia futurista*. Milão: Facchi, 1919. Project Gutenberg E-Book, 2012. http://www.gutenberg.org/files/41157/41157-h/41157-h.html

San Sepolcro, em Milão, Marinetti estava presente e pronunciou um discurso. No 15 de abril, participou da "Batalha da Via Mercanti", um conflito de rua entre fascistas e comunistas que culminou com um assalto à redação do jornal *Avanti!*, do PSI. Em novembro, apareceu como candidato pela lista do Partido Fascista em Milão, que obteve escassos 5 mil votos de um total de 270 mil.

O Manifesto Fascista foi publicado em 6 de junho. Marinetti redigiu o texto junto com o sindicalista Alceste de Ambris, que rompera em agosto de 1914 com a União Sindical de Milão, dirigida pelo PSI, alinhando-se aos defensores da entrada da Itália na guerra. Eram apenas 383 palavras, organizadas por uma conclamação à "guerra revolucionária" que fabricaria uma nova "classe dirigente".[47] As propostas: uma assembleia constituinte eleita pelo voto universal, a formação de conselhos nacionais para as diversas áreas econômicas e sociais escolhidos em bases corporativas, a expropriação parcial do capital privado, o sequestro total do patrimônio das congregações religiosas. Na base do programa, encontravam-se as ideias da edificação de uma ordem social corporativa e de um Estado forte animado pelo nacionalismo.

Mussolini tornara-se uma destacada liderança do PSI já em 1910, aos 27 anos de idade. Em 1911, depois de conduzir agitações para denunciar a "Guerra di Libia" como uma ação imperialista, tornara-se o editor do *Avanti!* Quando eclodiu a guerra de 1914, escreveu um editorial defendendo a neutralidade e a revolução social. Dois meses depois, sob as influências do poeta Gabriele D'Annunzio e de um grupo de sindicalistas nacionalistas em ruptura com o PSI, descreveu um giro completo, aderindo à facção intervencionista. Expulso do partido, começou a organizar o movimento fascista, alistou-se como voluntário e passou nove meses nas trincheiras. De volta, consagrou-se à obsessão de restaurar a nação italiana, limpando-a dos venenos simétricos do capitalismo e do socialismo.

O fascismo era uma seita muito minoritária em 1919. Os Fasci Italiani di Combattimento contavam com meras duas centenas de

---

[47] Manifesto dei Fasci Italiani di Combattimento, 1919. http://ebookbrowse.com/manifesto-dei-fasci-italiani-di-combattimento-1919-pdf-d401525561

60

integrantes. Contudo, a crise social e política dos dois anos seguintes – o "biennio rosso" – mudou o cenário do país. O biênio vermelho, uma espécie de "revolução esquecida", concluiu-se pela derrota dos socialistas, a ascensão do nacionalismo e uma aventura final que conduziu Mussolini ao poder. Marinetti não participou da arrancada fascista, retirando-se do palco da política durante o intervalo decisivo.

Tudo começou como uma disputa sindical sobre salários na indústria metalúrgica. Em setembro de 1920, as negociações foram interrompidas e a federação dos operários metalúrgicos lançou a palavra de ordem de ocupação de 300 fábricas em Milão. O movimento logo fugiu ao controle da cúpula sindical, com as ocupações se difundindo para os mais diversos ramos industriais e se estendendo para Turim, Gênova, Florença, Roma, Nápoles e Palermo. No auge da turbulência, estavam envolvidos mais de meio milhão de trabahadores, muitos não sindicalizados, e bandeiras vermelhas (dos socialistas) ou negras (dos anarquistas) tremulavam sobre as fábricas.

O PSI desviara-se do caminho da Internacional Socialista, perfilando-se com os bolcheviques russos contra a guerra e, em 1919, aderindo à nova Internacional Comunista. Naquele ano, o partido obtivera mais de 1,8 milhão de votos, convertendo-se na maior força parlamentar. Diante da revolta dos trabalhadores, Gramsci chamava à formação de conselhos operários similares aos sovietes da Rússia de 1917, desafiando a orientação mais moderada dos dirigentes sindicais. Contudo, a maioria da direção do PSI não estava preparada para seguir a linha revolucionária e, no momento decisivo, entregou a liderança do movimento aos dirigentes sindicais. No lugar de um assalto ao poder, o levante terminou com um referendo sindical que determinou a desocupação das fábricas em troca do reconhecimento das comissões operárias pelos patrões, de aumentos salariais e outros benefícios trabalhistas.

Gramsci e Bordiga romperam com a maioria da direção do PSI e e fundaram o PCI. Enquanto isso, em 1921, empresários e proprietários de terras se voltavam para os fascistas, enxergando em Mussolini e seus seguidores uma vacina contra o espectro dos "vermelhos".

Na larga onda de reação ao "biennio rosso", o nacionalismo ocupava os espaços abertos pelo retrocesso do socialismo. Giovanni Giolitti, o primeiro-ministro, caracterizou os socialistas e os fascistas como "fogos de artifício que fazem muito barulho mas se extinguem rapidamente".[48] Ele não podia estar mais errado. Os esquadrões paramilitares fascistas de "camisas negras", formados por ex-soldados, jovens e desempregados, passaram a receber vultosos financiamentos ocultos. De poucas centenas, tornaram-se dezenas de milhares. Na Marcha sobre Roma, a ofensiva mussolinista final, em outubro de 1922, os "camisas negras" já eram quase 200 mil.

Mussolini nunca levara Marinetti e seus turbulentos companheiros futuristas muito a sério. Nos tempos da luta comum pela entrada da Itália na Grande Guerra, tratara-os como aliados – mas, em conversas confidenciais, descrevia-os como pouco menos que charlatães. O líder fascista sabia que a ascensão ao poder dependia da obtenção do apoio das elites empresariais e rurais, algo impossível com base no anticlericalismo extremado dos futuristas. No congresso do Partido Fascista de maio de 1920, Mussolini realinhara seu movimento, afastando a maioria dos dirigentes esquerdistas originais. Desconsolado com o giro à direita, Marinetti abandonou o congresso. Ele só retornaria à cena em 1923, quando Mussolini chefiava um governo de coalizão composto por fascistas, nacionalistas, liberais e dois clérigos católicos.

UM CONQUISTADOR NA BAÍA DE GUANABARA

Giacomo Balla, cinco anos mais velho que Marinetti, ganhou notoriedade na Bienal de Veneza de 1899, ensinou a técnica neoimpressionista do divisionismo para Boccioni, assinou o Manifesto Futurista de 1910 e orientou a jovem pintora romana Benedetta Cappa. Benedetta tinha apenas 20 anos em 1917, quando se uniu ao grupo fu-

---

[48] MONTANELLI, Indro. *L'Italia in camicia nera*. Milão: Rizzoli, 1977, p. 12.

turista e começou a namorar Marinetti. Eles se casaram em 1923, para facilitar os arranjos burocráticos de uma viagem de palestras ao Brasil. Marinetti chegou ao Rio de Janeiro em 1926. Por aqueles anos, todos os modernistas brasileiros eram denominados, genericamente, futuristas. Mário de Andrade, porém, contestara o qualificativo: "Não sou futurista (de Marinetti). Disse e repito-o. Tenho pontos de contato com o futurismo. Oswald de Andrade, chamando-me futurista, errou. A culpa é minha. Sabia da existência o artigo e deixei que saísse."[49] Mário não foi receber o italiano e o acusou de ser um representante do fascismo. Também não aceitou um convite para apresentá-lo à plateia de uma conferência em São Paulo, organizada pelo embaixador da Itália.

A política os separava, mas as pontes artísticas eram evidentes. No Manifesto Técnico, Marinetti formulara o conceito das *parole in libertà*. O verso harmônico de Mário, formado pela "combinação de sons simultâneos" e pelo "uso de frases soltas", refletia a influência da proposta futurista. As ideias da velocidade, da abolição da distância, da simultaneidade criavam um chão comum para os modernistas brasileiros e italianos. "O futurismo está fincado na renovação completa da sensibilidade humana propiciada pelas grandes descobertas da ciência", escrevera Marinetti. "Aquelas pessoas que, hoje, usam o telégrafo, o telefone, o fonógrafo, o trem, a bicicleta, a motocicleta, o automóvel, o navio oceânico, o dirigível, o aeroplano, o cinema, o grande jornal (síntese de um dia no mundo atual) não percebem que esses meios de comunicação, de transporte e de informação exercem uma influência decisiva na sua psiquê".[50]

A visita deixou marcas diversas. Uma empresa de transporte urbano recém-fundada em Salvador batizou seus veículos com o nome do italiano e, logo, "marinete" ou "marineti" tornou-se quase sinônimo de ônibus na Bahia e em Sergipe. Na segunda conferência no Rio de

---

[49] CALBUCCI, Eduardo. "Marinetti e Mário: (des)conexões entre o Manifesto Técnico da Literatura Futurista e o 'Prefácio Interessantíssimo'". Op. cit., p. 213-214.

[50] MARINETTI, Filippo Tommaso. "Destruction of Syntax – Imagination without strings – Words-in-freedom" (1913). http://www.unknown.nu/futurism/destruction.html

Janeiro deu-se um tumulto, causado por manifestantes que, seguindo o chamado de um jornal da colônia italiana, protestavam contra a presença do fascista. Na Argentina, etapa seguinte da viagem, grupos antifascistas promoveram manifestações mais significativas.

O entusiasmo de Marinetti pelo fascismo não diminuíra. Naqueles primeiros anos do regime de Mussolini, ele se imaginava um embaixador artístico da nova Itália. Além das declarações políticas, seus textos literários exaltavam a potência italiana. No inédito "Velocità Brasiliane: Rio, Palcoscenico del Teatro Oceanico", o transatlântico Giulio Cesare, o navio em que viajava, conquista e subordina a baía de Guanabara: "Evidentemente, a baía do Rio de Janeiro está apaixonada pelo Giulio Cesare, esse promontório da Itália de cortante perfil imperial (...). A bela baía certa de agradar e capaz de amar oferece todas as curvas de suas praias e de suas montanhas e abre de par em par seus cais apertando geometricamente o transatlântico cada vez mais contra seu coração de tráfego ardente."[51]

As descrições marinettianas do Rio de Janeiro não eram verdadeiramente originais, mas destacavam contrastes fáceis que se vulgarizariam com o tempo. Ele já enxergava um "buzinante dinamismo dos automóveis repletos de clarões e enguias solares" emoldurado pela cochilante "primitiva e quase pré-histórica" colina do Morro da Favela, "enfeitada no topo por palmeiras-reais" onde viviam "negros mais antissociais" que "olham do alto a insolente riqueza veloz das avenidas".[52] Na retórica excessiva do futurismo, o italiano disparava projéteis tão estereotipados que provocaram críticas da imprensa carioca, um tanto desapontada com os registros rasos, quase turísticos, do visitante.

Contudo, de descrição em descrição, Marinetti vai perdendo até mesmo o registro do contraste entre técnica e natureza, velocidade e perenidade, para baixar armas e se render à beleza cênica da paisagem

[51] FABRIS, Annateresa & FABRIS, Mariarosaria. "C'est trop beau! C'est plus beau que le Bhosphore! Pauvre Stambul!". *Revista USP*, n. 42, junho/agosto 1999, p. 144.

[52] FABRIS, Annateresa & FABRIS, Mariarosaria. "C'est trop beau! C'est plus beau que le Bhosphore! Pauvre Stambul!". Op. cit., p. 144.

64

da baía. No fim, contrariando os princípios do futurismo, ele exalta a pura sensualidade do cenário, rendendo-se e baixando suas armas. O Giulio Cesare não é mais o conquistador, mas se deixa conquistar, funde-se à baía e se amolda às suas curvas. O modernismo perdeu, tropicalizando-se, embalado pela doçura e pelo calor contra os quais arremetera no início. "Suave tatilismo aéreo de pétalas frescas e tépido cetim. Vai e vem de suspiros e frufrus. Crescendo feliz. Beatitude."[53]

O ARTISTA DIANTE DO ESTADO

Apesar do entusiasmo de Marinetti pelo fascismo, ele jamais conseguiu persuadir Mussolini a elevar o futurismo ao estatuto de arte oficial do regime, como pretendia. O Duce nutria escasso interesse pelas artes e, astuto, não queria perder as simpatias de nenhuma das diversas correntes da intelectualidade nacionalista italiana. Em março de 1923, meses depois de se tornar primeiro-ministro, ele inaugurou a exposição Sete Pintores dos Novecentos, em Milão, com uma declaração de princípios cuidadosamente estudada: "Eu declaro que não passa pela minha mente encorajar qualquer coisa como uma arte do Estado. A arte pertence ao domínio do indivíduo. O Estado tem apenas um dever: não rebaixar a arte, propiciar condições humanas aos artistas e encorajá-los dos pontos de vista artístico e nacional."[54]

O regime fascista italiano encorajou os neoclássicos, mas também os impressionistas, os futuristas e os abstracionistas. A política pluralista de Mussolini no domínio das artes não mudou ao longo do tempo, distinguindo-se nitidamente das abordagens do nazismo e do stalinismo. O Duce rejeitou as propostas dirigistas de intelectuais e burocratas, preferindo combinar tolerância e coerção para evitar o surgimento de contestações diretas ao regime. Ele não se envolveu nas

---

[53] FABRIS, Annateresa & FABRIS, Mariarosaria. "C'est trop beau! C'est plus beau que le Bhosphore! Pauvre Stambul!". Op. cit., p. 150.

[54] BRAUN, Emily. "Mario Sironi and Italian Modernism". Cambridge: Cambridge University Press, 2000, p. 1. http://catdir.loc.gov/catdir/samples/cam032/99030408.pdf

acirradas polêmicas que eclodiram entre os artistas, nem se deixou influenciar pelas sugestões de calar a vanguarda. Em 1932, o desenho da fachada do principal pavilhão da Bienal de Veneza foi alterado, com a substituição das formas ornamentais renascentistas por linhas modernistas que incorporavam elementos classicistas.

Uma tese central da obra de Peter Burger sobre as vanguardas é que elas militaram invariavelmente contra o conceito de autonomia da arte. "O protesto vanguardista", diz, almeja "reintegrar a arte à praxis da vida".[55] Os futuristas italianos veicularam sem cessar esse protesto, mas não são nem mesmo mencionados por Burger e, em geral, são ignorados pelos estudiosos das vanguardas europeias. Marinetti e seu grupo surgem, quase exclusivamente, nos estudos dedicados ao fascismo italiano. Tudo se passa como se a adesão futurista ao fascismo suprimisse o caráter vanguardista do movimento. E, contudo, inegavelmente, "na Itália, o desejo da vanguarda de moldar as massas por meio de ferramentas estéticas se desenvolveu em perfeita sincronia com o experimento de política totalitária" de Mussolini.[56]

A "perfeita sincronia" não implica uma ausência de atritos pontuais entre os futuristas e o regime fascista. O arquiteto Giuseppe Pagano, um intelectual proeminente no Partido Fascista, rompeu com Mussolini em 1942, estabeleceu contatos com a Resistência, foi capturado e torturado, morrendo no campo de concentração de Mauthausen semanas antes da rendição alemã. O escritor e dramaturgo Massimo Bontempelli, que ocupou o cargo de secretário da União dos Escritores Fascistas, recusou-se em 1938 a tomar o posto universitário de um acadêmico judeu e foi expulso do Partido Fascista. Sem jamais romper com o regime, o próprio Marinetti protestou publicamente contra os virulentos artigos antissemitas escritos por Telesio Interlandi, o chefe da Associação dos Jornalistas Fascistas, após a adesão italiana ao pacto do Eixo, em 1937.

[55] BURGER, Peter. *Theory of the Avant-garde*. Manchester: Manchester University Press, 1984, p. 22.

[56] BRAUN, Emily. "Mario Sironi and Italian Modernism". Op. cit., p. 7.

Na Itália, as ameaças principais à liberdade criativa não partiam de Mussolini, mas de figuras do meio artístico que acalentavam o projeto de estatizar a cultura – ou, mais prosaicamente, buscavam vinganças pessoais. Soffici, o pintor estapeado por Boccioni em 1911, provavelmente enquadrava-se no segundo caso. O toscano aproximou-se de Giovanni Gentile, o "filósofo do fascismo" e ministro da Educação. Em março de 1925, na Conferência de Cultura Fascista, em Bolonha, ele assinou o Manifesto dos Intelectuais Fascistas, escrito por Gentile e também subscrito por Marinetti, Curzio Malaparte e Luigi Pirandello, entre outros. Mais de uma década depois, em 1937, na hora da exposição nazista de "arte degenerada" (*entartete Kunst*) de Munique, tentou persuadir o regime a importar o conceito para a Itália. O alvo óbvio eram os futuristas, mas ele não encontrou respaldo em Gentile ou Mussolini.

Hitler atacara ferozmente o futurismo, junto com o cubismo e o dadaísmo, já num discurso de 1934, que fora rechaçado de imediato pelo pintor e escultor futurista Enrico Prampolini. Em poucos anos, o futurismo tornou-se uma fonte de atritos diplomáticos entre as duas potências europeias do Eixo. Meses após a inauguração da exposição de Munique, a Academia Prussiana de Arte patrocinou uma vasta exposição de arte italiana, que incluía uma sala reservada aos futuristas. Um alerta logo ecoou no Ministério da Propaganda e as obras futuristas só não foram removidas graças à interferência da embaixada italiana e do diretor da Bienal de Veneza. Em 1938, por ordem de Hitler, introduziu-se uma seção dedicada ao futurismo na exposição itinerante de "arte degenerada". Marinetti dirigiu-se, então, a Mussolini e conseguiu evitar que a exposição entrasse na Itália.

Mussolini nunca levou Marinetti muito a sério, mas cuidou para não afastá-lo das fileiras dos fiéis. Em 1929, indicou-o como membro da Academia Italiana; em 1937, repreendeu Interlandi pelo tom exagerado de suas arengas antissemitas; no ano seguinte, barrou o caminho da exposição nazista. O Duce, contudo, equilibrava-se na corda bamba, ciente da imprudência de afrontar diretamente os porta-vozes italianos de Hitler. Ao longo de dois anos, iniciados por um artigo publicado em maio de 1937, o jornalista Stefano Tuscano empreendeu uma virulenta campanha contra Marinetti que teve o apoio entusiasmado de uma nutrida corrente de fascistas situados em altos postos oficiais. O Estado Fascista, escreveu Tuscano, solicitava disciplina, ordem e serenidade, não os excessos juvenis de um homem que estagnara no passado.[57]

Ao contrário de outros futuristas, Marinetti circunscreveu seus protestos ao campo delimitado pelo regime. No fundo, ao longo do tempo, desde a nomeação para a Academia, cedeu posição atrás de posição, diluindo o vanguardismo na tradição e chegando até ao ponto de tentar reconciliar o futurismo com a arte sacra. O chamado da guerra, porém, jamais deixou de seduzi-lo. Entre outubro de 1935 e abril de 1936, serviu como voluntário na segunda guerra da Abissínia. Depois, com mais de 65 anos, entre 1942 e 1943, passou alguns meses com o Exército italiano na frente russa.

O futurista encerrou sua trajetória em Bellagio, às margens do Lago de Como, vítima de um enfarte, em 2 de dezembro de 1944. Dias mais tarde, milhares de milaneses acompanharam seu féretro até o Cemitério Monumental. Mussolini, então um governante fantoche protegido pelos alemães, interpretou o episódio como uma homenagem da cidade ao fascismo e convocou um comício para o Teatro Lírico de Milão. O evento, no 16 de dezembro, passaria à história como o último comício do Duce.

---

[57] BERGHAUS, Gunter. *Futurism and politics: between anarchist rebellion and fascist reaction, 1909-1944*. Oxford: Berghahn Books, 1996, p. 251.

004

CONTRA NEGROS QUE NÃO QUEREM SER NEGROS

Marcus Garvey, empreendedor pan-africanista (1887-1940)

"O Harlem enterrou seu primeiro nobre". Sob esse título, um influente jornal negro de Nova York reportou, a 7 de agosto de 1924, as cerimônias fúnebres de John Edward Bruce, que portava o título honorífico de Duque de Uganda, concedido pela Associação Universal para o Progresso dos Negros (UNIA). "Bruce Grit", seu nome literário, nasceu escravo em Maryland e tornou-se jornalista, ativista pelos direitos civis e pan-africanista. O orador principal da cerimônia foi Marcus Garvey, o líder da UNIA, um jamaicano célebre em Nova York, cujas portas lhe haviam sido abertas pelo falecido.

Bruce não era um radical, longe disso, mas vivia em tempos e circunstâncias radicais. O triunfo da União na Guerra de Secessão confirmara a libertação dos escravos e, durante a década heroica da Reconstrução, sob os interventores do governo federal, os estados do sul haviam conferido direitos políticos e sociais aos antigos escravos. Contudo, a Reconstrução perdeu ímpeto nos anos 1880, enquanto a velha elite sulista restaurava seu controle sobre os governos estaduais. A reação manifestava-se num aumento geral da segregação e, especialmente, na multiplicação dos atos de violência contra negros. Num discurso, em 1889, durante uma reunião clandestina, "Bruce Grit" defendeu a "resistência organizada":

> *Se eles queimam as nossas casas, queime as deles; se matam nossas mulheres e filhos, persiga-os incansavelmente; enfrente a força com a força em todos os lugares. Se exigem sangue, troque sangue com eles até que estejam saciados. Por uma rigorosa aderência a essa linha, o derramamento de sangue humano pelos brancos será logo coisa do passado. Sempre e quando o negro se apresentar como um homem, obterá o respeito até mesmo de um degolador.*[58]

Os fios da raça, da solidariedade, da força e do respeito entrelaçaram líderes negros dos Estados Unidos, do Caribe e da Europa na última década do século XIX e nas décadas iniciais do século XX. A noção de raça era, então, um dado do senso comum. O "racismo científico", elaborado ao longo de cem anos, encarregara-se de inscrevê-la nos manuais das ciências naturais e da antropologia. Os intelectuais e ativistas negros não disputavam sua asserção básica, a divisão da humanidade em "famílias raciais", mas contestavam a ideia da superioridade essencial da "raça branca". Os negros, diziam eles, precisavam se unir para conquistar força, poder e respeito. Faltava-lhes algo como uma "solidariedade de raça" – e a missão de seus homens públicos era, precisamente, apontar os caminhos e oferecer os meios para suprir a carência. Quando, em algum dia de março ou abril de 1916, "Bruce Grit" apertou pela primeira vez a mão de Garvey, os dois homens já estavam unidos por essa crença compartilhada.

O encontro produziu fortes impressões mútuas. O jamaicano definiu o americano como um "verdadeiro negro" que se sentia "honrado em ser um integrante" de sua raça. "Bruce Grit" descreveu o interlocutor como "um pequeno, atarracado, homem negro, com a

---

[58] BRUCE, John Edward. "Organized resistance is our best remedy" (1889). BlackPast.org. http://www.blackpast.org/?q=1889-john-e-bruce-organized-resistance-our-best-remedy

72

determinação escrita por toda a sua face e um sorriso cativante que te subjuga e obriga a ouvir sua história".[59] A história de Garvey é a da configuração da doutrina pan-africanista, da cooperação e das amargas rivalidades entre seus líderes e do sonho desmesurado da Black Star Line, a companhia de navegação que transportaria o negros da América de volta a seu lar africano. Ela começa com um doloroso trauma de adolescência.

UMA MENINA BRANCA

Marcus Mosiah Garvey Jr. nasceu em St. Ann's Bay, um povoado litorâneo no norte da Jamaica, 54 anos depois da abolição da escravidão nas colônias britânicas, numa família de posses modestas. Nove de seus dez irmãos morreram durante a infância, algo comum naqueles tempos e lugar. Seu pai, camponês e pedreiro, mestre maçom e autodidata, possuía uma biblioteca relativamente vasta na qual o filho passava horas sem fim.

Os livros desempenharam seu papel, mas parece não ter sido neles que Garvey descobriu o motor de sua vida. Numa narrativa autobiográfica, escrita em 1923, ele rememorou a "lição" mais marcante de sua adolescência:

Para mim, em casa, nos primeiros tempos, não havia diferença entre branco e preto. A propriedades de meu pai, o lugar onde vivi a maior parte do tempo, era vizinha da casa de um homem branco. Ele tinha três meninas e um garoto (...). Todos éramos companheiros de folguedos. A menina branca da qual eu mais gostava não pensava nada diferente de mim. Éramos dois tolos inocentes que nunca sonharam com um sentimento ou problema racial. (...)

[59] CROWDER, Ralph L. "'Grand old man of the movement': John Edward Bruce, Marcus Garvey and the UNIA". *Afro-Americans in New York Life an History*, Afro-American Historical Association of the Niagara Frontier, 1 de janeiro de 2003. http://www.thefreelibrary.com/Afro-Americans+in+New+York+Life+and+History/2003/January/1-p5188

Aos catorze, minha pequena amiga e eu nos separamos. Os pais dela imaginaram que era chegada a hora de traçar a linha de cor. Mandaram-na, e a uma irmã, para Edimburgo, na Escócia, e disseram-lhe que nunca deveria tentar escrever ou fazer contato comigo, pois eu era um "nigger". (...) Depois da minha primeira lição de distinção de raça, nunca mais pensei em brincar com meninas brancas.[60]

No ano daquela separação, devido a uma crise nas finanças da família, o adolescente também teve que abandonar a escola e começar a trabalhar para ajudar a sustentar os pai e a irmã mais velha. Aprendeu o ofício de tipógrafo com um tio, mudou-se para Kingston, a capital, interessou-se pelos segredos do negócio do jornalismo e, sobretudo, pelas animadas polêmicas públicas sobre o futuro da Jamaica e da raça negra. No novo ambiente, conheceu J. Robert Love, editor da publicação dos advogados, reformista social e pan-africanista. Love tornou-se um mentor de Garvey.

O trauma do adolescente Garvey aconteceu em 1901, coincidindo com a visita à Jamaica do advogado trinidadiano Henry Sylvester Williams, a convite de Love. No ano anterior, Wiliams organizara, em Londres, a Primeira Conferência Pan-Africana. O evento reunira 30 delegados, da Europa, do Caribe e dos Estados Unidos, que lançaram um apelo às nações do mundo pedindo às potências o respeito aos direitos dos descendentes de africanos e à soberania dos "Estados negros", como denominaram a Libéria, a Abissínia e o Haiti.

Ao lado do "nacionalismo negro", Garvey abraçou a causa da autodeterminação nacional, colaborando com o deputado Sandy Cox num jornal que difundia o slogan subversivo "a Jamaica para os jamaicanos". Em 1910, partiu numa longa jornada por diversos países centro-americanos e caribenhos, empregando-se em companhias de exportação de frutas e como funcionário de docas. Nesse trajeto, protestou contra as condições de trabalho dos operários, criou efêmeros

---

[60] GARVEY, Marcus. "The negroe's greatest enemy". American Series Sample Documents. African Studies Center – UCLA. http://www.international.ucla.edu/africa/mgpp/sample01.asp

74

jornais sindicais e experimentou curtas detenções. Dois anos depois, estava na capital britânica, a meca do pan-africanismo, treinando suas habilidades de orador no Hyde Park e assistindo aulas no Birkbeck College, uma instituição para trabalhadores mantida pela Universidade de Londres.

O jovem Garvey não tinha dinheiro e aceitava trabalhos temporários nas docas. Por intermédio de marinheiros negros, entrou em contato com o egípcio Dusé Mohamed Ali, um nacionalista africano, propagador do Islã e editor da *African Times and Orient Review* (ATOR), uma revista para a qual escreviam as mais destacadas figuras do movimento pan-africanista, inclusive "Bruce Grit". Em torno da publicação, circulavam ativistas anticoloniais, intelectuais e estudantes. Garvey foi contratado como assistente editorial da ATOR, leu avidamente suas edições e anotou os nomes de todos os colaboradores que poderiam ser úteis para o grande empreendimento que começava a imaginar.

O nome do próprio Garvey apareceu impresso na ATOR em outubro de 1913. No seu primeiro artigo para a prestigiosa publicação, o jovem não deixou por menos: profetizou uma rápida e sensacional mudança política no Caribe britânico, que se libertaria do poder de Londres e se transformaria no núcleo de um "império negro" internacional.

Garvey desembarcara em Londres em 1912. Naquele ano, do outro lado do Atlântico, nos Estados Unidos, Booker T. Washington patrocinara uma Conferência Internacional sobre o Negro. Washington era a mais venerável liderança negra americana, um ex-escravo que se convertera em reitor do Instituto Normal e Industrial Tukegee, uma instituição para negros com estatuto de universidade no Alabama. Logo depois de escrever seu artigo inaugural, Garvey começou a ler os ensaios de Washington, que preconizavam a emancipação social e econômica dos negros por meio da educação.

Ele ficou entusiasmado com a ideia de uma comunidade negra liberta da dependência cultural dos brancos, mas não concordou com a visão complementar de uma nação norte-americana como lar compartilhado pelas duas raças. Ao mesmo tempo, transferiu suas esperanças do Caribe para a África. O lar natural dos negros, concluiu, não era a América, mas a "pátria africana". A liberdade política da África seria a condição prévia para a libertação da raça negra. E o futuro "império negro" assumiria, necessariamente, a forma de um "império africano". No 15 de julho de 1914, Garvey pisou novamente em Kingston. Cinco dias depois, anunciou a criação da UNIA.

A meta da UNIA, como aparecia na sua carta de fundação, era "unir todos os povos negros do mundo em uma grande entidade para estabelecer um país e um governo absolutamente seus". A organização, segundo seu fundador deveria ser "um movimento contra negros que não querem ser negros".[61] Os mestiços e os negros de classe média jamaicanos, que tinham uma posição relativamente privilegiada na sociedade colonial, eram o alvo da ira de Garvey. Em pouco tempo, ela também se voltaria na direção das principais lideranças negras dos Estados Unidos.

O "PRESIDENTE DA ÁFRICA"

Uma troca de cartas com Booker Washington valeu a Garvey o convite para visitar Tuskegee, mas a morte do americano, em 1915, frustrou o planejado encontro. De qualquer modo, em março de 1916, o jamaicano chegou a Nova York disposto a transferir a sede da UNIA para a metrópole americana. A Jamaica era pequena demais para suas ambições e a resistência da elite mestiça retardava o desenvolvimento de seu movimento. Naqueles meses, no Greenwich Village, John Reed e dezenas de outros intelectuais radicais faziam campanha contra a entrada dos Estados Unidos na guerra europeia. Garvey passou longe do tema e do Village, estabelecendo sua base política no Harlem.

---

[61] GARVEY, Marcus. "The negroe's greatest enemy". Op. cit.

A Grande Migração, o fluxo de milhares de negros do Sul às grandes cidades do Norte, mudava o panorama demográfico do país. O Harlem pulsava sob o impacto da nova política negra. Criavam-se publicações, realizavam-se palestras, organizavam-se eventos destinados a discutir o lugar dos negros na cena de uma nação em rápida mudança. Surgiam os primeiros grandes teatros voltados para um público exclusivamente negro e semeava-se o terreno no qual se desenvolveria, nos anos 1920, o movimento literário e cultural da Renascença do Harlem. Poucos anos após o desembarque de Garvey, Duke Ellington estaria se apresentando no Exclusive Club, na esquina da Sétima Avenida com a rua 134, Benny Carter começaria sua carreira em bandas que tocavam no Apollo Theater, na rua 125, e seriam lançadas as obras inaugurais de dezenas de romancistas e poetas.

A UNIA não era a primeira, mas a segunda grande organização negra estabelecida no Harlem. Antes, em 1909, William E. B. Du Bois fincara no bairro a sede da NAACP, a Associação Nacional para o Avanço das Pessoas de Cor, que já contava com mais de 6 mil adesões e uma centena e meia de seções espalhadas pelo país. Garvey estava no lugar certo, mas enfrentaria forte concorrência.

A aliança entre Garvey e "Bruce Grit" gerou uma visão inteiramente nova da política negra. A UNIA não reconhecia os limites postos pelas fronteiras nacionais, invocando uma solidariedade mundial entre os negros. No intervalo de poucos anos, o desconhecido imigrante jamaicano transformou-se num orador que atraía multidões e, mais importante, em algo como um profeta internacional da redenção dos povos negros. A organização de Garvey editava o jornal *Negro World* e contava com centenas de milhares de aderentes, que faziam contribuições mensais em dinheiro. Em 1919, ela adquiriu algumas velhas embarcações e lançou a Black Star Line. O navio a vapor e a ferrovia formavam os dois pilares da economia mundial da época. A companhia de navegação de Garvey tinha a pretensão de transportar passageiros e cargas entre os Estados Unidos, o Caribe e a África, tecendo os liames de uma economia negra globalizada.

Sob os auspícios da UNIA, instalou-se, no primeiro dia de agosto de 1920, a Primeira Convenção Internacional dos Negros, que encerrou suas sessões num Madison Square Garden lotado por 25 mil espectadores. O evento foi reportado no suplemento dominical de 22 de agosto do *New York World*, que trazia uma longa manchete: "O Moisés da raça negra veio a Nova York e lidera uma organização universal que já representa 2 milhões, prepara-se para eleger sua alta direção e sonha reviver as glórias da Antiga Etiópia". O próprio Garvey foi eleito "presidente provisório da África".

Além disso, o encontro aprovou uma "Declaração dos Direitos dos Povos Negros do Mundo" que reivindicava direitos iguais para negros e brancos, exigia o fim das leis de segregação racial nos Estados Unidos e a soberania para os povos africanos. A Declaração definia as cores de uma bandeira ("vermelha, negra e verde"), a letra de um hino ("Ethiopia, Thou Land of Our Fathers") da raça negra e solicitava para ela prerrogativas políticas de uma nação mundial:

> *Nós declaramos que os negros, sempre e em qualquer lugar em que formem uma comunidade entre eles, devem obter o direito de eleger seus próprios representantes para os parlamentos, tribunais ou instituições similares, para que possam exercer controle sobre aquela particular comunidade.[62]*

As dissensões marcaram, desde o início, a história da UNIA. Entre 1917 e 1918, ele enfrentou três dirigentes, Isaac Allen, Louis Leavelle e Samuel Duncan, que procuravam na organização um trampolim para suas carreiras políticas nas franjas do Partido Comunista Americano. Mais séria foi a ruptura com "Bruce Grit", que não aceitou os expedientes pelos quais Garvey estabeleceu uma autoridade quase inquestionável sobre a UNIA e seu braço comercial, a Liga das Comunidades Africanas (ACL). "Bruce Grit" enviou uma carta ao jornal da

---

[62] "Declaration of the Rights of the Negro Peoples of the World": The Principles of the Universal Negro Improvement Association. Nova York, 13 de agosto de 1920. History Matters. http://historymatters.gmu.edu/d/5122/

organização, em que semeava dúvidas sobre a honestidade dos projetos comerciais do jamaicano e, maldosamente, enfatizava seu estatuto de estrangeiro, um imigrante sem documentos definitivos de residência. "De qualquer modo, quem é você e qual é o seu jogo?", indagou.[63] Para surpresa do missivista, Garvey publicou a carta e tentou reaproximar o valioso parceiro. "Bruce Grit" dobrou o ataque, escrevendo que a propalada liderança do jamaicano sobre os povos africanos era, de fato, similar "à da Estátua da Liberdade ou de um índio Choctaw surdo e mudo".[64] A animosidade perdurou durante quase um ano, mas Garvey nunca contra-atacou. A tática da paciência fez o milagre em outubro de 1919, quando "Bruce Grit" resolveu ouvir atentamente um discurso do jamaicano sobre seu ambicioso projeto mundial. No fim, estava convencido e pronto para a reconciliação. Daquele momento mágico até a morte do americano, a parceria foi restaurada, num patamar mais elevado. "Bruce Grit" converteu-se no lugar-tenente de Garvey e num esteio inigualável de credibilidade para a UNIA.

A PUREZA DAS DUAS RAÇAS

Entretanto, as divergências internas pouco significaram diante da rivalidade com Du Bois, que eclodiu ainda antes da fundação da Black Star Line. De um lado, o americano se ressentia do meteórico sucesso do jamaicano entre os negros de seu país. De outro, os dois líderes estavam separados por duas divergências políticas fundamentais, que não podiam ser sanadas.

A primeira: Du Bois interpretava a raça como uma entidade histórica; Garvey encarava-a como uma entidade biológica. Na visão do americano, os negros e os mulatos da "diáspora" – isto é, dos países das Américas – estavam unidos por interesses sociais comuns e deveriam

---

[63] CROWDER, Ralph L. "'Grand old man of the movement': John Edward Bruce, Marcus Garvey and the UNIA". Op. cit.

[64] CROWDER, Ralph L. "'Grand old man of the movement': John Edward Bruce, Marcus Garvey and the UNIA". Op. cit.

cooperar na edificação de uma sociedade negra instruída e próspera. O jamaicano, pelo contrário, atribuía os maiores problemas dos negros a uma inclinação conciliatória dos "negros colored", como denominava tanto os mestiços em geral quanto, especialmente, seus adversários políticos na Jamaica e nos Estados Unidos. Ele utilizava positivamente a expressão "pureza racial" e não ocultava sua repulsa à miscigenação:

> *Nós sentimos que não há absolutamente nenhuma razão pela qual deva existir qualquer diferença entre as raças negra e branca, se cada uma parar de se acomodar à outra e se ambas se estabilizarem. Nós acreditamos na pureza das duas raças. Não acreditamos que o homem negro deva ser encorajado a pensar que seu maior objetivo na vida é casar com uma mulher branca (...). É uma depravada e perigosa doutrina de igualdade social clamar, como fazem certos líderes colored, pelo convívio entre negros e brancos, o que destruiria a pureza racial de ambas.*[65]

A segunda: Garvey não imaginava a África como uma pátria metafórica, mas como a pátria real dos negros do mundo – e seu lema "Back to Africa!" sintetizava uma meta geopolítica. A separação geográfica das raças, pensava o jamaicano, era a condição para o desenvolvimento civilizatório dos negros e, também, a garantia de eliminação das rivalidades raciais. Polemizando com Du Bois, Garvey escreveu: "As massas de negros pensam diferentemente dos autointitulados líderes da raça (...). O povo deseja liberdade num país seu, enquanto os políticos *colored* desejam cargos e igualdade social para si mesmos nos Estados Unidos (...)."[66] Curiosa, mas coerentemente, a perspectiva da "volta à África" descortinava para o líder da UNIA um caminho de cooperação com lideranças brancas conservadoras, inclusive racistas extremados. A ruptura definitiva com Du Bois foi precipitada justamente por isso.

---

[65] GARVEY, Marcus. "The negroe's greatest enemy". Op. cit.

[66] HILL, Robert A. (Ed.). *The Marcus Garvey and Universal Negro Improvement Association Papers. Africa for the Africans, 1923-1945.* Berkeley: University of California Press, 2006, p. 47.

As divergências entre os dois vieram à luz num artigo em duas partes publicado por Du Bois entre 1920 e 1921. Naquele texto, o americano reconhecia qualidades de liderança no jamaicano, mas criticava suas políticas e, como fizera antes "Bruce Grit", colocava em dúvida a lisura de seus empreendimentos comerciais. Garvey, nesse caso, não procurou nenhum tipo de reconciliação. Em vez disso, em 1922, classificou Du Bois como um mestiço – isto é, do seu ponto de vista, uma monstruosidade – e lançou-lhe a acusação de "tentar produzir um novo tipo racial através do amálgama de negros e brancos, o que, acreditamos, contraria os desígnios da natureza".[67]

O ataque coincidiu com um encontro do jamaicano com Edward Young Clark, um dos mais destacados chefes da Ku Klux Klan, que se reinventava como uma organização de massas. Justificando-se, Garvey declarou que achava perfeitamente natural a pretensão da Ku Klux Klan de fazer dos Estados Unidos um país apenas de brancos e elogiou a "franqueza" da organização racista. No *Negro World*, escreveu que todos os brancos eram potenciais aderentes à organização, pois ela defendia os interesses de sua raça. Então, Du Bois explodiu, deflagrando uma guerra com o rival.

Garvey foi obrigado a conduzir a guerra em duas frentes simultâneas. O FBI do notório John Edgar Hoover montara um processo viciado contra a Black Star Line, coagindo e intimidando testemunhas para sustentar uma acusação de uso do serviço postal com finalidade de difusão de propaganda enganosa. O julgamento de Garvey, em junho de 1923, realizou-se em meio à amarga polêmica com Du Bois. Condenado a cinco anos de prisão, o jamaicano atribuiu o resultado ao impacto causado por seu encontro com o chefão da Klan sobre o juiz federal judeu e dois jurados também judeus. Depois de três meses na cadeia, pagou fiança e obteve o direito de apelar em liberdade. Nesse intervalo de 15 meses, conheceu todo o peso da ira de Du Bois e sofreu uma campanha de desqualificação promovida pela NAACP.

---

[67] HILL, Robert A. (Ed.). *The Marcus Garvey and Universal Negro Improvement Association Papers. Africa for the Africans, 1923-1945*. Op. cit., p. 47.

"Devemos indagar seriamente: não seria Marcus Garvey um paranoico?", sugeriu Robert Bagnall numa publicação da NAACP.[68] Du Bois também tocou na tecla da loucura, alternando-a com a da traição política. Sob o título "Um lunático ou um traidor", o mais violento de seus artigos contra Garvey descrevia o jamaicano como "o mais perigoso inimigo da raça negra nos Estados Unidos e no mundo", denunciava a política de separação geográfica das raças e acusava a UNIA de corrupção e intimidação de testemunhas. A conclusão equivalia a uma sentença de morte política dirigida contra os seguidores do movimento garveysta :

> Qualquer homem que, de hoje em diante, elogie ou defenda Marcus Garvey rotula a si mesmo como imerecedor do apoio dos americanos decentes. Quanto ao próprio Garvey, esse aliado explícito da Ku Klux Klan deve ser aprisionado ou enviado para o seu país.[69]

A COROAÇÃO DE UM REI NEGRO

Garvey casou-se pela primeira vez em 1919 com Amy Ashwood, uma jamaicana que trabalhava na UNIA como sua secretária. Três anos e um tumultuado divórcio depois, casou-se com Amy Jacques, uma atraente mulata jamaicana de alta classe média que tomara o lugar de Ashwood na secretaria da organização. Ao que parece, as duas Amys conheceram-se na Jamaica, na adolescência, e reativaram a amizade na UNIA. Na hora da separação, decidida por Garvey, Ashwood acusou o marido de traição: ele e Jacques teriam mantido um longo, clandestino, *affaire* amoroso, uma alegação sistematicamente negada pelos dois.

Jacques logo se converteu numa valiosa parceira política de Garvey e numa destacada figura pública da UNIA. Ela selecionava

---

[68] HILL, Robert A. (Ed.). *The Marcus Garvey and Universal Negro Improvement Association Papers. Africa for the Africans, 1923-1945*. Op. cit., p. xxii.

[69] DU BOIS, W. E. B. "A lunatic or a traitor". IN: WINTZ, Cary D. (Ed.). *African American political thought, 1890-1930*. Armonk/Londres: M. E. Sharpe, 1996, p. 165.

materiais para os discursos do marido e, muitas vezes, escrevia trechos cruciais de seus artigos. Também percorria o país, falando pela organização em concorridos eventos públicos. Numa dessas ocasiões, em Nova York, Garvey foi recebido por uma plateia que pedia, aos gritos, "queremos a sra. Garvey" – e ela o substituiu, pronunciando o discurso mais importante da noite. Quando o marido foi preso, em fevereiro de 1925, depois de esgotadas as tentativas de apelação, ela assumiu a liderança informal do movimento. Dali em diante, durante dois anos e meio, por sua proposta, todas as seções da UNIA celebraram o primeiro domingo de cada mês como o "Dia de Garvey".

O presidente americano Calvin Coolidge comutou a sentença do jamaicano e, no final de 1927, ele foi deportado para seu país de origem. A imagem da UNIA estava corroída pelas acusações difundidas nas publicações da NAACP, mas o garveysmo resistia como uma corrente política secundária no movimento negro americano. Na chegada à Jamaica, Garvey teve uma recepção popular estrondosa. Decidido a reformar o país, fundou o Partido Político do Povo (PPP), cujo programa estava consagrado à educação popular, à luta por direitos trabalhistas e à reforma agrária.

Na Europa, o movimento negro sofreu forte influência do marxismo e alguns de seus líderes mais destacados engajaram-se na Internacional Comunista. Nos Estados Unidos, Du Bois e a NAACP percorreram uma trajetória distinta, colaborando episodicamente com os comunistas mas, muitas vezes, conflitando com eles. Garvey não se inscreve em nenhuma dessas tradições. Seu reformismo social erguia-se sobre fundamentos éticos e sua linguagem apartava-se completamente do discurso socialista da luta de classes. Num mundo regido pelo imperativo darwinista da luta pela sobrevivência, os negros deveriam se organizar para triunfar como coletividade racial.

O sucesso histórico da raça, contudo, dependia dos esforços e da perseverança individuais. Joseph Lloyd, um seguidor cubano de Garvey, escreveu no *Negro World*, em 1927, um artigo no qual agradecia ao líder por lhe ter ensinado que ele mesmo poderia se tornar "um

Rockefeller, um Carnegie, um Henry Ford, um Lloyd George ou um Calvin Coolidge". Dez anos depois, num discurso no Canadá, Garvey ofereceu à audiência a lição do sucesso individual, que classificou como a mais importante de sua vida: "Há duas classes de homens no mundo – aqueles que triunfam e aqueles que não triunfam".[70]

A Jamaica era pequena demais para Garvey. Em 1935, ele transferiu-se para Londres e dedicou a maior parte dos seus seis últimos anos de vida à causa da Etiópia. Aos olhos dos líderes negros do Ocidente, a Etiópia era lenda, mito, promessa: um outro nome para a África e uma antevisão de seu futuro. O cristianismo chegara àquelas terras no longínquo século IV, levado por exploradores greco-sírios. No século XIII, dinastia Salomônida transformara o reino cristão num poderoso império. O Império Etíope escapara quase intacto à partilha colonial europeia do final do século XIX, cedendo aos italianos apenas a faixa costeira da Eritreia. Em 1930, o regente Tafari Makonnen assumira o trono imperial com o título de Hailé Selassie I. O conflito entre Selassie e as ambições coloniais da Itália mobilizaria a paixão de Garvey e, indiretamente, provocaria mais uma escandalosa aproximação do jamaicano com os arautos da supremacia branca nos Estados Unidos.

A Itália de Mussolini derrotou as forças etíopes na Segunda Guerra da Abissínia, em 1936, e Selassie partiu para um exílio de cinco anos na Grã-Bretanha. Enquanto o imperador deposto apelava à Liga das Nações, intelectuais anticolonialistas denunciavam a agressão italiana. Garvey participou desse movimento de opinião pública e escreveu um poema em homenagem ao intelectual, reformador político e comandante militar etíope Nasibu Emmanual, que acabara de falecer no exílio.

Nos Estados Unidos, durante o drama etíope, Theodore G. Bilbo, um senador democrata e ex-governador do Mississipi, apresentou um projeto de lei que previa a "repatriação" – de fato, uma deportação

---

[70] MENELIK, Girma Y. L. *Rastafarians: a movement tied with a social and psychological conflicts*. GRIN Verlag e-Book, 2009, p. 30.

– dos 12 milhões de negros americanos para a Libéria. A pequena república da África Ocidental nascera em 1822 por meio do assentamento de alguns milhares de escravos americanos libertos, sob o patrocínio de fundações filantrópicas que enxergavam na "volta à África" a solução para a questão da liberdade dos escravos no estados sulistas. Mais de um século depois, Bilbo e outros supremacistas brancos pregavam a "repatriação" em massa como solução para o desemprego que assolava o país desde o início da década da Grande Depressão. De Londres, Garvey ofereceu seu apoio à proposta e elogiou o livro no qual o senador defendia o princípio da separação das raças.

O estandarte garveysta do "Back to Africa!" e a figura do imperador Selassie formaram o caldo no qual surgiu o Movimento Rastafari. A nova religião emanou de pregadores populares jamaicanos, principalmente Leonard Howell, "o primeiro rasta". Howell anunciou em 1933 que Selassie personificava o Messias retornado à Terra. Por isso, o movimento batizou-se pela conjunção dos termos *ras*, um título honorífico etíope que significa "chefe" ou "duque", e *Tafari*, o nome de batismo do imperador.

Garvey não desempenhou nenhum papel direto na emergência dos rasta, mas foi declarado um profeta por diversos pregadores da religião que cresceram sob a influência do garveysmo. Num discurso de 1927, Garvey referira-se metaforicamente à coroação de um rei negro na África. Os rasta tomaram a referência em sentido literal, como profecia precisa da entronização de Selassie. A mitologia rasta, de fortes tonalidades políticas, organizou-se em torno da ideia de que, no dia da libertação, navios da Black Star Line conduziriam os negros de todo o mundo à Terra Prometida africana.

O culto a Selassie, marca inconfundível do Movimento Rastafari, alcançou seu apogeu muito depois da morte de Garvey. O imperador recebeu e condecorou líderes rasta na Etiópia, em 1961, e visitou a Jamaica em 1966. Na hora de sua chegada, uma multidão estimada em mais de 100 mil rastas o aguardava fumando *cannabis* em clima festivo nos arredores do aeroporto de Kingston. Rita Marley converteu-se à religião no encontro com o imperador. O evento entrelaçou o *reggae* à religião e conferiu-lhe visibilidade, contribuindo para seu sucesso comercial.

As cores da bandeira da UNIA são também as cores do Movimento Rastafari. O chamado da "volta à África" é um tema recorrente nas canções de *reggae*. Garvey nunca aderiu à religião rasta: na juventude, foi um cristão metodista e, mais tarde, converteu-se ao catolicismo. Contudo, seu nome anda junto com o de Jesus Cristo em *So much things to say*, de Bob Marley, e seu programa político encontra traduções nas letras do grupo britânico de *reggae* Steel Pulse.

"Mister Garvey is so cool,/ Mister Garvey is so smooth,/ That's why he go to school/ He is the first one through black history who ever control so much people,/ hundreds, thousands, millions, he cause an eruption". Mister Garvey – o cara "tão legal e polido", que "foi à escola", "exerceu influência sobre milhões" e "causou uma erupção" – morreu em Londres mas seus restos mortais foram exumados e transferidos para um santuário no Parque dos Heróis Nacionais, em Kingston. A letra de *Mister Garvey*, do jamaicano Winston Rodney, mais conhecido como Burning Spear, seria um epitáfio apropriado para o homem que, aos catorze, aprendeu o significado da palavra segregação.

5

EM BUSCA DA VANGUARDA

Cyril L. R. James, intelectual militante (1901-1989)

T. S. Eliot tinha uma qualidade singular para Cyril Lionel Robert James, ou apenas C. L. R. James, como ficou conhecido, que era a de exprimir de forma precisa e bela as ideias das quais ele discordava absolutamente. "Eu sou um anglo-católico em religião, um classicista em literatura e um monarquista em política", definiu-se certa vez Eliot.[71] James certamente discordava, de modo absoluto, da parte da "política", mas atribuir a isso sua opinião sobre Eliot equivaleria a subestimá-lo grosseiramente. O problema estava em outro plano, bem mais sério. *The Waste Land*, de 1922, o maior poema de Eliot, é provavelmente a mais bela expressão da desesperança, da completa melancolia. O mundo de Eliot era sombrio, destituído de um ponto qualquer de fuga; o de James era o palco da aventura revolucionária da humanidade. Eliot acreditava em valores antigos que regrediam sob o impacto da guerra mundial e da emergência da política de massas; James era capaz de enxergar a barbárie, mas a interpretava como um recomeço.

A opinião de James sobre Eliot inscreve-se numa passagem sobre raça e memória que não se encontra em alguma de suas diversas

---

[71] "T. S. Eliot, the poet, is dead in London at 76". *The New York Times*, 5 de janeiro de 1965. http://www.nytimes.com/books/97/04/20/reviews/eliot-obit.html

obras políticas ou literárias, mas em *Beyond a Boundary*, um livro dedicado ao cricket. O cricket, um esporte peculiarmente britânico, está na origem da vida política e do pensamento político de James. Segundo o próprio James, a sua experiência com o cricket ensinou-lhe quase tudo que era necessário para pensar a política.

As raízes do cricket podem ser traçadas na Inglaterra Tudor do século XVI e as regras modernas do jogo surgiram ainda na segunda metade do século XVIII, cem anos antes da consolidação da maior parte dos esportes contemporâneos. O jogo espraiou-se da Inglaterra para o Império Britânico, inclusive para a pequena colônia caribenha de Trinidad, onde nasceu James. Em 1907, de pé sobre uma cadeira, pela janela de sua casa na cidadezinha de Tunapuna, o garoto negro de seis anos gastava horas admirando o espetáculo de homens negros vestidos em uniformes brancos organizando-se em padrões mutáveis no espaço verde e ensolarado de um campo de cricket.

Os pais de James eram figuras excepcionais na sociedade colonial trinidadiana. Seu avô paterno trabalhara como operador de caldeira numa fazenda de cana-de-açúcar, um posto geralmente reservado a funcionários brancos, e frequentava a igreja aos domingos trajando casaca e cartola. Seu pai, Robert Alexander, ensinava história na escola da cidade e sua mãe, Elizabeth James, estudara num convento evangélico. O garoto obteve uma bolsa de estudos e cursou a escola secundária no Queen's Royal College, em Port of Spain, a capital. Graduado, tornou-se professor de história na instituição e deu aulas para Eric Williams, que lideraria o movimento pela independência e, em 1962, chefiaria o primeiro governo soberano de Trinidad.

O jovem James jogava cricket e, logo, começou a escrever sobre o esporte para jornais da colônia. No aclamado *Beyond a Boundary*, ele descreve o complexo processo de escolha de um clube de cricket, num tempo e num lugar em que cada clube definia seu perfil social por um específico tom de pele dos associados. No campo do Queen's Royal College, aprendeu a não questionar jamais uma decisão do árbitro, nunca trapacear e não reclamar de uma derrota. "Esse código tornou-se o alicerce moral de minha existência. Ele nunca me abandonou."[72]

As aulas de história, a leitura ávida de um autodidata brilhante, o campo de cricket, os artigos sobre o jogo e suas relações com a estrutura da sociedade colonial preencheram as ambições de James durante toda uma década. O acaso mudou todo o cenário, subitamente, em 1932, quando seu amigo Learie Constantine pediu ajuda na redação da autobiografia *Cricket and I*. Constantine, um advogado trinidadiano e um ativista contra a discriminação racial, tornara-se anos antes o primeiro jogador profissional de cricket negro na Grã-Bretanha. James fez a vontade do amigo, que era também a sua, e transferiu-se para o norte da Inglaterra. Logo, começou a escrever sobre cricket no *Manchester Guardian* e, na sequência, mudou-se para Londres, iniciando uma longa aventura de muitos caminhos.

James traçou as fronteiras de seu campo de jogo combinando as linhas nem sempre compatíveis do anticolonialismo, do pan-africanismo e do trotskismo. Ele se envolveu em todos os movimentos pelos direitos dos negros de seu tempo, mas nunca acreditou nas políticas de raça. Quando retornou a Trinidad, aos 57 anos, conduziu uma campanha de sucesso para assegurar a Frank Worrell a posição de capitão da seleção nacional de cricket. O argumento de James, contudo, não era que Worrell devia ser capitão por ser negro, mas que o tom de sua pele não podia ser usado para negar-lhe uma posição que derivava logicamente de seus méritos.

OS "JACOBINOS NEGROS"

No *Beyond a Boundary*, James rememorou seu estado de espírito no momento em que embarcava para Londres: "Eu estava prestes a entrar na arena onde desempenharia o papel para o qual tinha me

---

[72] O'NEILL, Joseph. "Bowling Alone". *The Atlantic Monthly*, 11 de setembro de 2007. http://www.powells.com/review/2007_09_11.html

preparado. O intelectual britânico seguia para a Grã-Bretanha."[73] Um "intelectual britânico" nascido em Trinidad, não um trinidadiano, nem um negro – era assim que ele se definia.

Nas suas *Letters from London*, escritas originalmente em 1932, James mencionou marginalmente os temas da raça e do preconceito – mas, quase sempre, inscrevendo-os em rápidas, cortantes apreciações sobre a mediocridade do britânico comum de classe média. Numa noite, aguardando o metrô, trocou olhares sensuais e sorrisos com duas animadas jovens brancas. Um inglês, sentado ao seu lado, testemunhou a cena: "enquanto o trem partia, ele fixou seu olhar nas garotas, trançando seus pés, e fixou seu olhar em mim, investigando-me da cabeça aos pés, e contorceu-se e retorceu-se como se sofresse de um agudo ataque de disenteria ou colite".[74] Os curtos ensaios são, essencialmente, impressões sobre a ordem social da metrópole colonial, a agitada vida intelectual e artística de Bloomsbury, o brilho e a frivolidade do centro do poder britânico.

Tão logo colocou os pés em Londres, o jovem trinidadiano filiou-se ao Partido Trabalhista Independente (ILP). Nos anos de Port of Spain, ele acompanhava atentamente a política britânica e aprendera a decifrar os segredos das disputas entre suas diversas facções de esquerda. Por se considerar um revolucionário, não aderiria ao Partido Trabalhista. Por desprezar Stalin, que classificava como um tirano similar a Mussolini e Hitler, nem considerava a hipótese de preencher uma ficha do Partido Comunista.

A Segunda Internacional, fundada por Friedrich Engels e Karl Kautsky em 1889, organizava os partidos social-democratas. O Partido Trabalhista britânico nasceu em 1900, à sombra da grande árvore da social-democracia. Mas o partido britânico tinha uma peculiaridade decisiva: os sindicatos não só o apoiavam, mas também tinham representação direta nos seus congressos. A ligação orgânica com o movi-

---

[73] RAMCHAND, Kenneth. "Introduction". IN: JAMES, C. L. R. *Letters from London*. Oxford: Signal Books, 2003, p. XVI.

[74] RAMCHAND, Kenneth. "Introduction". Op. cit., p. XXI.

mento sindical conferiu ao partido uma extraordinária resistência. Por esse motivo, quando surgiram as cisões comunistas, impulsionadas pelo triunfo bolchevique na Rússia e pela criação da Terceira Internacional, o trabalhismo britânico sofreu muito menos que os social-democratas alemães ou franceses.

Entretanto, como contrapartida da singular fraqueza do Partido Comunista britânico, acumularam-se tensões no interior do Partido Trabalhista. Uma facção de esquerda, o ILP, afastou-se cada vez mais da linha política oficial e, numa conferência realizada em 1932, decidiu-se pela desfiliação. Reivindicando a herança revolucionária marxista, os dissidentes fundaram o Burô de Londres, ou "Internacional Três e Meio", que almejava reunir as cisões de esquerda na social-democracia europeia. Os partidos ligados ao Burô rejeitavam as políticas reformistas da Segunda Internacional mas não aceitavam a subordinação à Terceira Internacional, um polvo comandado por Stalin a partir do Kremlin.

O ILP e sua "Internacional Três e Meio" eram expressões circunstanciais da crise histórica que fragmentava a esquerda marxista. Leon Trotsky, o líder revolucionário expulso da União Soviética, enxergava neles um trampolim para a edificação da Quarta Internacional, que limparia a tradição bolchevique da contaminação stalinista. Sob sua orientação, um pequeno grupo de trotskistas britânicos formou uma tendência clandestina no ILP, que logo obteve a adesão de James. Seguindo um roteiro previsível, a tendência converteu-se num proto-partido, o Grupo Marxista, e depois, pela fusão com outra pequena organização, num partido, a Liga Revolucionária Socialista, seção britânica da recém-fundada Quarta Internacional.

Os trotskistas, herdeiros das formas de interpretar o mundo de Karl Marx, cultivavam uma fé inabalável no proletariado dos países industriais. A Europa e os Estados Unidos ocupavam quase todo o seu campo visual, sobrando muito pouco para as lutas anticoloniais na África e no Caribe. O cosmopolita James era, porém, trinidadiano, circunstância que desviou o foco de sua atenção das intensas e improdutivas polêmicas sectárias do trotskismo. Seu primeiro livro relevante foi uma exposição dos argumentos históricos e políticos que sustentavam a luta pela independência de Trinidad. Na sequência, envolveu-se com o pan-africanismo e ajudou a criar o Escritório Internacional de Assistência à África, uma organização devotada a mobilizar a opinião pública contra a invasão italiana na Etiópia.

O Escritório surgiu da iniciativa de um pequeno círculo de intelectuais e ativistas, entre os quais destacava-se, além de James, outro trinidadiano. George Padmore, *nom de guerre* de Malcolm Nurse, tinha dois anos menos que James e estudara nos Estados Unidos, onde ingressara no Partido Comunista, dedicando-se à propaganda política entre os negros. Em 1929, transferira-se para Moscou, a fim de trabalhar na Internacional Comunista, que havia criado um Burô Negro na Internacional Sindical Vermelha. De lá, nos anos da ascensão do nazismo, o trabalho de dirigente comunista internacional o levara para Viena e Hamburgo.

A ligação de Padmore com o Kremlin encerrou-se em 1933. No ano da chegada de Hitler ao poder, sua base em Hamburgo foi atacada pelas gangues nazistas, ele foi deportado para Londres e decidiu não tomar o rumo de volta a Moscou. A Internacional Comunista, concluíra, era uma ferramenta dos interesses geopolíticos da União Soviética – e, por isso, preferia proteger os interesses diplomáticos da "pátria do socialismo" a emprestar um apoio vigoroso aos movimentos anticoloniais. A ruptura de Padmore não o conduziu ao trotskismo, mas propiciou a colaboração política com James, seu amigo de juventude no círculo intelectual de Port of Spain.

O grupo reunido em torno de James e Padmore incluía Amy Ashwood, ex-esposa do jamaicano Marcus Garvey, e dois líderes africanos que desempenhariam papéis decisivos no movimento anticolonial de seus países: Jomo Kenyatta, do Quênia, e Isaac T. A. Wallace-Johnson, de Serra Leoa. O nome da organização, Escritório Internacional de Assuntos Africanos, era pouco inspirador, mas aquela pequena articulação pan-africanista acionou os motores que, um quarto de século mais tarde, fariam girar a roda das independências africanas.

James oscilava sem parar entre as condições de ativista político e de intelectual sofisticado. Em 1936, visitou os arquivos franceses e escreveu uma peça teatral sobre Toussaint L'Ouverture, o líder da revolução dos escravos no Haiti, que se desenrolou à sombra das Guerras Napoleônicas. Dois anos depois, escreveu sua mais relevante obra histórica: *The Black Jacobins*. Os "jacobinos negros", isto é, os líderes revolucionários haitianos seguiam a corrente irresistível da Revolução Francesa. A revolução dos escravos não era um fenômeno racial, mas um fenômeno político inscrito na crise geral do Antigo Regime. No Haiti, o movimento revolucionário expressava desigualdades econômicas e de classe social, não rivalidade entre grupos raciais.

Os argumentos de James, apoiados sobre pesquisa extensiva e uma fina análise histórica, inspiraram as principais linhas acadêmicas de abordagem da Revolução Haitiana. Eles também ajudam a decifrar o ponto de vista do próprio James sobre o movimento anticolonial na África. O americano W. E. B. Du Bois e o jamaicano Marcus Garvey, figuras icônicas do pan-africanismo, interpretavam a questão da África sob o prisma da raça. O trinidadiano, ao contrário, interpretava-a sob o prisma do capitalismo, do imperialismo e da revolução social. A África, imaginava, seria o Haiti do século XX, um "elo fraco" da ordem capitalista e um estilingue da revolução socialista internacional.

Toussaint L'Ouverture, conta James, dirigia-se aos negros haitianos como cidadãos franceses. Ele sonhava navegar para a África "com armas, munições e um milhar de seus melhores soldados" para acabar com o tráfico de escravos e "transformar milhões de negros em homens livres e franceses".[75] "Franceses", na época da revolução haitiana, era um sinônimo de "republicanos". O sonho paralelo de James era transformar as colônias africanas em países independentes – e socialistas.

---

[75] JAMES, C. L. R. *The Black Jacobins: Toussaint L'Ouverture and the San Domingo Revolution*. Nova York: Vintage Books, 1989, p. 265.

WEBB E O PRÍNCIPE

A obra histórica sobre L'Ouverture surgiu na sequência da obra teatral sobre o mesmo personagem. A escritura do *Black Jacobins* entrelaça os estilos da narrativa literária, da narrativa científica e da narrativa militante. James confessou, certa vez, que chegou a Londres com a intenção de construir uma carreira de escritor de ficção, mas "o mundo se tornou político e eu fui com ele".[76]

A política trotskista o atraía irresistivelmente e, no final de 1938, sob os auspícios do Partido Socialista dos Trabalhadores (SWP), a seção americana da Quarta Internacional, ele fez um tour de palestras nos Estados Unidos. Constance Webb, uma jovem californiana branca de 18 anos encontrava-se na plateia majoritariamente negra de uma dessas palestras, em uma igreja do centro de Los Angeles. Webb descobrira na pré-adolescência os impulsos racistas de seu falecido pai e, em choque, aproximara-se do pequeno partido trotskista. No fim da palestra, a jovem cumprimentou o orador e os dois acabaram tomando sorvete juntos. Mais tarde, ela descreveu a primeira impressão que James lhe causou:

> O pastor negro fez uma apresentação e, da lateral, caminhou um belo homem de pele escura e mais de 1,85 m. Ereto como uma vara, um longo pescoço, ele conservava a cabeça levemente para trás e o queixo levantado. Havia graça e elegância em sua postura; ele parecia um príncipe ou um rei. (...) Era difícil manter a concentração em suas palavras devido à beleza de sua voz. Ela era rítmica, cadenciada e seu sotaque britânico tinha sombras da música do Caribe.[77]

Pelas mãos do casal de pintores mexicanos Diego Rivera e Frida Kahlo, chegou a James um convite para visitar Leon Trotsky em

---

[76] GRIMSHAW, Anna & HART, Keith. *C. L. R. James and the struggle for happiness*. Nova York: The C. L. R. James Institute, 1991. http://www.clrjamesinstitute.org/strugweb.html

[77] JELLY-SHAPIRO, Joshua. "C. L. R. James in America: or, the ballad of Nello and Connie". *Transition*, n. 104, p. 31.

Coyoacán, na Cidade do México. O líder bolchevique exilado lera *World Revolution*, um livro do trinidiano publicado pouco antes do *Black Jacobins* e dedicado à crítica da noção stalinista do "socialismo num só país". Não havia nada de particularmente singular no livro, mas Trotsky enxergou em seu autor uma peça estratégica para o desenvolvimento do trabalho do SWP entre os negros.

No encontro de Coyoacán, o encanto do trotskismo começou a se desfazer. Como Trotsky queria, James desistiu de retornar a Londres para o início da próxima temporada de cricket e, sob o *nom de guerre* de J. R. Johnson mergulhou no trabalho de organização do SWP. Contudo, o trinidiano concluiu que suas opiniões se distanciavam cada vez mais das do líder da Quarta Internacional. Trotsky preconizava a derrubada do regime de Stalin, mas insistia em caracterizar a União Soviética como um país socialista; James inclinava-se a usar a expressão "capitalismo de estado" para definir o sistema soviético. Trotsky pensava que a luta pela igualdade dos negros americanos só poderia triunfar com a derrubada da ordem capitalista nos Estados Unidos; James preferia imaginar um caminho autônomo para o movimento pelos direitos civis. Na visão de Trotsky, o proletariado era a vanguarda insubstituível da revolução; na James, o conceito marxista de vanguarda precisava ser revisto.

"Os anos mais importantes de minha vida". Foi assim que James definiu seu ciclo americano, concluído com uma deportação, em 1953. No trajeto de volta do México, ele passou por New Orleans e conheceu a realidade da segregação racial no Sul dos Estados Unidos. Em Nova York, descobriu que suas divergências com Trotsky eram também as de Raya Dunayevskaya (*nom de guerre*, Freddie Forest), uma jovem russo-americana que servira como secretária do líder bolchevique em Coyoacán. As mulheres eram para Dunayevskaya o que os negros eram para James. A resistência ao capitalismo, pensavam os dois, não se manifestava apenas na forma da luta de classes, mas por meio de inúmeros movimentos de grupos oprimidos pelas engrenagens das sociedades burguesas.

Os negros e as mulheres eram importantes, mas havia algo mais urgente. Uma nova guerra mundial explodia na Europa e os trotskistas precisavam definir uma posição sobre a invasão soviética da Finlândia. Em abril de 1940, quatro meses antes do assassinato de Trotsky, James e Dunayevskaya juntaram-se a Max Shachtman, um dos principais trotskistas americanos, para liderar uma cisão no SWP. Dela nasceu o Partido dos Trabalhadores (WP), uma organização de quinhentos militantes que rejeitava o apoio à agressão soviética. No ano seguinte, o trinidadiano e a russo-americana formaram uma facção minoritária no WP, batizada como Tendência Johnson-Forest. Shachtman pendurava na "pátria do socialismo" o rótulo "coletivismo burocrático"; a minoria preferia o rótulo "capitalismo de estado".

As lutas faccionais, em grupos cada vez menos relevantes, seguiram seu curso. A Tendência Johnson-Forest retornou ao SWP em 1947, rompeu novamente em 1950, converteu-se num Comitê Editorial de Correspondência e cindiu-se anos depois, na hora da deportação de James, quando ele concluiu que o conceito de partido revolucionário leninista tornara-se um anacronismo. No fundo, o trinidadiano estava cansado das polêmicas estéreis em círculos viciados e queria se desvencilhar dos compromissos militantes que tomavam a maior parte de seu tempo.

Nos Estados Unidos, James descobriu a centralidade do indivíduo e, ao mesmo tempo, o amor. Desde a palestra de Los Angeles, a jovem Webb tornara-se uma amiga querida e uma interlocutora distante. Ao longo de seis anos, os dois não voltaram a se encontrar, mas trocaram mais de duzentas cartas. Nesse intervalo, ela casou-se e divorciou-se duas vezes, teve um caso efêmero mas rumoroso com um ator e serviu de modelo para um indecoroso Salvador Dalí. No verão de 1943, as correspondências mudaram de tom. Numa carta decisiva, ela escreveu que estava se divorciando e pensava começar uma carreira de atriz. Ele respondeu: "Você parece incerta sobre o que penso do que está fazendo e de teus motivos. Algum pseudo-marxista está chateando você, dizendo que deve juntar-se a um partido e trabalhar numa fábrica? Diga-lhes apenas para irem à merda – e pronto."[78] Os dois se casaram, finalmente, em maio de 1946.

No ano da carta decisiva, James conheceu o ganês Kwame Nkrumah, que cursara a Universidade Lincoln, na Pennsylvania, e destacava-se entre os círculos pan-africanistas dos Estados Unidos. O trinidadiano ensinou-lhe duas ou três coisas sobre a política na clandestinidade e enviou uma carta de recomendação ao antigo companheiro Padmore. O 5º Congresso Pan-Africano realizou-se em Londres, em outubro de 1945, sob a direção conjunta de Padmore e Nkrumah. Du Bois, aos 77 anos, ocupou simbolicamente a presidência de honra do encontro, mas o bastão já não estava com ele. Entre os cerca de cem delegados, um quarto era constituída por africanos, como o próprio Nkrumah, Kenyatta, Benjamin Azikiwe, da Nigéria, e Hastings Banda, do Malawi, que viriam a ser os primeiros presidentes de seus países. Por alguma razão, James não foi a Londres.

Sob o fascínio de Webb, o militante J. R. Johnson dissolveu-se dentro do intelectual C. L. R. James. Nas cartas datadas de 1943 em diante, ele confidenciou à amada seu imenso interesse pelos filmes de Hollywood ("O lixo que agora assisto a surpreenderia"), pelas estrelas do cinema ("personagens característicos selecionados pelas massas que pagam com suas moedas porque representam algo que as pessoas querem"), por Ingrid Bergman ("uma das melhores representantes da civilização burguesa europeia") e por Lana Turner ("a eterna companheira de cama"). "A política, a arte, a vida e o amor tornaram-se tão estreitamente integrados no mundo moderno que compreender um é compreender todos eles", escreveu-lhe, no ápice do jogo da sedução, no verão de 1944.[79]

---

[78] JELLY-SHAPIRO, Joshua. "C. L. R. James in America: or, the ballad of Nello and Connie". Op. cit., p. 38.

[79] JELLY-SHAPIRO, Joshua. "C. L. R. James in America: or, the ballad of Nello and Connie". Op. cit., p. 38-40.

MOBY DICK

James era "Nello", um apelido carinhoso derivado do "Lionel" de seu nome. Webb era "Connie", de "Constance". Nello pressionou Connie até conseguir o que queria. Numa tarde, no minúsculo apartamente dele no Harlem, admirando as árvores e as águas do rio pela janela, Connie concluiu, assustada, que relutava em se casar com Nello devido à barreira da raça. Naquela noite, em Washington Square, ela contou a ele o que descobrira. Semanas depois, estavam casados.

Muito antes de Connie, houve Juanita Young, um casamento que James descreveu como tipicamente trinidadiano: ela arrumava a casa, cozinhava e o amava quando ele queria. Webb era bem diferente – a única pessoa, segundo James, que não o tratava como um líder ou uma personalidade. Os dois circulavam pelos bares e restaurantes de Greenwich Village na companhia frequente de outro casal interracial, formado pelo escritor negro Richard Wright, em ruptura com o Partido Comunista, e sua esposa Ellen Poplar, filha de imigrantes poloneses e uma firme militante comunista. Eles também discutiam política e literatura com os intelectuais negros Ralph Ellison e St. Clair Drake, que viria a ser um alto assessor de Nkrumah em Gana. Mas, como James confessaria, ele interpretou o início do caso entre os dois como uma capitulação de Connie e sempre a enxergou como a dama apaixonada de um cavaleiro errante.

O casamento durou cinco anos, pontuados por infidelidades mútuas, uma separação efêmera, o nascimento de C. L. R. James Jr., a irritação crescente dela com o trânsito incessante dos camaradas da Johnson-Forest. Em suas memórias, Connie escreveu que Nello proclamava ter dominado a arte de integrar o "político" e o "pessoal", mas, confrontado com questões pessoais, "discutia política, literatura, qualquer coisa menos aquilo que nos assombrava".[80] A separação, contudo, não foi precipitada por questões pessoais, mas pelo novo cenário político do início da Guerra Fria.

---

[80] JELLY-SHAPIRO, Joshua. "C. L. R. James in America: or, the ballad of Nello and Connie". Op. cit., p. 50.

A "caça às bruxas" começou no outono de 1950, com a aprovação da Lei de Segurança Interna, que definia o "estrangeiro subversivo" como alvo de deportação. Na primavera de 1951, James já estava na prisão de Ellis Island. Desde que chegara aos Estados Unidos, ele tinha apenas um visto de turista. Nos primeiros meses de prisão, a antiga úlcera estomacal de James voltou a causar-lhe dores intensas. O processo de deportação estendeu-se até o verão de 1953, quando foi negada em definitivo sua solicitação de cidadania. Nello foi, Connie ficou com o filho Nobbie: ela descobrira cartas de duas presumíveis amantes, camaradas da organização, dirigidas a ele. Os camaradas "johnsonitas", possivelmente seguindo uma instrução de James, ainda a convocaram para uma reunião plenária na qual pretendiam discutir a separação e o futuro de Nobbie. Webb mandou-os catar coquinho, anunciando que sua vida privada não era da conta deles.

No longo período de internamento em Ellis Island, James escreveu um de seus livros mais notáveis. *Mariners, Renegades and Castaways*, um estudo sobre *Moby Dick*, argumenta convencionalmente que o navio Pequod é um microcosmo da sociedade industrial e uma antevisão do totalitarismo. Contudo, desviando-se da norma, sustenta também que, na obra clássica de Herman Melville, a antítese do odiento capitão Ahab não é o narrador Ishmael, um marinheiro ilustrado e um poeta, mas a própria tripulação do Pequod. Ahab cedeu todas as suas qualidades humanas ao deus obsessivo da vingança que o consome. Em contraste, os tripulantes rudes representariam a resistência do espírito humano:

> *Eles são vulgares marinheiros, renegados e náufragos. Mas isso não é culpa deles. Eles já começaram assim. Seu heroísmo consiste em, todos os dias, fazerem seu trabalho. Os únicos trágicos encantos de que lhes dota Melville são os encantos de homens associados num trabalho comum.*[81]

---

[81] JAMES, C. L. R. *Mariners, Renegades and Castaways: the story of Herman Melville and the world we live in.* Hanover: University Press of New England, 2001, p. 28.

Na vã esperança de convencer os congressistas de que ele pertencia, intelectual e existencialmente, aos Estados Unidos, James enviou uma cópia do manuscrito a cada um. Depois, de Londres, retomou o hábito de escrever cartas a Connie e, semanalmente, escreveu também histórias infantis destinadas ao filho. Elaboradas em torno de personagens fantásticos e publicadas muito mais tarde no volume *The Nobbie Stories*, elas são alegorias que tocam nos temas da amizade, da verdade e da mentira, da ética, do indivíduo e da comunidade.

O James que voltou a Londres era, ainda, um intelectual radical, mas já não era um revolucionário. Ele retomou a profissão de colunista de cricket e casou novamente, com Selma Weinstein, uma jovem operária do Brooklyn que aderira à Tendência Johnston-Forest aos 15 anos, se tornara uma organizadora de mulheres e uma intelectual feminista. Em 1957, foi a Gana, a convite de Nkrumah, para as celebrações da independência do país que carregava a tocha do pan-africanismo. No mesmo ano, encontrou-se na capital britânica com Martin Luther King, que acabara de obter seu primeiro grande triunfo, com o boicote aos ônibus de Montgomery. Logo depois, tentou pela última vez desempenhar um papel de liderança política, na sua Trinidad natal.

Eric Williams tornara-se primeiro-ministro da colônia, que rumava para a independência. A convite de seu antigo aluno, James estabeleceu-se em Port of Spain como editor do *The Nation*, o jornal do Movimento Nacional do Povo (PMN), o partido independentista. A colaboração durou quase quatro anos, mas foi vítima de divergências crescentes sobre o tema da Federação das Índias Ocidentais. O projeto de unidade das nações caribenhas oriundas da colonização britânica, acalentado por James e alguns líderes jamaicanos, não interessava a Williams, que preferia assegurar o poder de seu grupo político em Trinidad. A ruptura foi amarga, pontuada por acusações e recriminações. Em 1962, na hora da independência trinidadiana, James retornou a Londres. O autobiográfico *Beyond a Boundary* foi publicado no ano seguinte.

Na etapa derradeira de sua vida, a estrela de James fixou-se no céu do mundo intelectual. Ele proferiu palestras na AntiUniversidade de Londres, um efêmero e turbulento produto do movimento estudantil de 1967 e 1968, ministrou cursos na Universidade do Distrito de Colúmbia, em Washington, onde abençoou Stokely Carmichael, o dissidente dos Panteras Negras e porta-bandeira do Black Power, acompanhou a publicação de uma seleção de suas obras em quatro celebrados volumes e ganhou um doutorado honorífico concedido pela Universidade de South Bank, de Londres. O antigo líder clandestino, um revolucionário consumido pelas controvérsias sectárias do trotskismo, convertia-se em ícone da cultura radical ocidental.

Desde as independências africanas, o pan-africanismo regrediu à condição de doutrina oficial de regimes ditatoriais que faziam da unidade da África um lema vazio destinado apenas a legitimá-los. No início da década de 1970, com a intensificação da luta contra o apartheid na África do Sul e das guerras anticoloniais em Angola e Moçambique, ativistas americanos e caribenhos pediram a organização de um novo congresso pan-africano. Julius Nyerere, da Tanzânia, que já governava como um tirano, prontificou-se a patrocinar o evento, que ocorreria em Dar-es-Salaam, em 1974, e o subordinou às conveniências dos chefes de Estado africanos. Entre os convidados, estavam o ditador da Guiana, Linden F. Burnham e seu colega de Granada, o corrupto e mentalmente instável Eric Gairy. Em compensação, diversos ativistas caribenhos tiveram negados seus pedidos de credenciais. James recebeu um convite, mas boicotou o congresso em solidariedade aos ativistas proscritos.

O intelectual militante morreu em 1989, em Brixton, na capital britânica, e foi enterrado em Trinidad. Um evento final, póstumo, sinaliza os paradoxos de sua longa trajetória. Em 1991, uma conferência no Wellesley College, em Massachusetts, que contou com as participações, entre outros, do líder trabalhista britânico Michael Foot, do poeta caribenho Derek Walcott e do historiador americano Martin Glaberman, foi tragada por uma tempestade de paixões derivadas de uma menção ao nome do trinidadiano. Os palestrantes e assistentes intercambiaram ácidos argumentos sobre o "eurocentrismo" e sobre as relações entre a doutrina marxista, o movimento negro e as lutas sociais no Terceiro Mundo, até a conferência se estilhaçar em pedaços.

Todos os envolvidos – intelectuais acadêmicos, marxistas, nacionalistas negros, pan-africanistas, terceiro-mundistas – reivindicavam para si a herança de James, acusando os demais de distorcerem o "verdadeiro" sentido de sua obra. É impossível saber o que o próprio James diria, em meio àquela infrutífera polêmica. Mas, certamente, ele se deliciaria no papel de foco solitário dos holofotes.

O INIMIGO DO EUFEMISMO

George Orwell, jornalista e escritor (1903-1950)

Na cena final de *A revolução dos bichos*, não se pode mais distinguir os porcos dos humanos. Os porcos serviam como metáfora para os bolcheviques; os humanos, para os capitalistas. O célebre romance de George Orwell, um dos maiores sucessos editoriais da história, só se prestaria à propaganda política se fosse falsificado. A falsificação aconteceu logo após a morte de Orwell, por obra da CIA. Um agente da organização, Howard Hunt, comprou secretamente da viúva do autor os direitos de adaptação cinematográfica do livro e produziu na Grã-Bretanha uma versão em desenho animado que foi distribuída pelo mundo. Na versão consagrada à propaganda, a trama ganha um novo desfecho, no qual os animais tomam de assalto a casa da fazenda ocupada pelos porcos e, por meio dessa segunda revolução, libertam-se finalmente.

A crítica radical ao stalinismo produzida a partir da direita sempre foi, naturalmente, uma crítica ao próprio socialismo. Muito mais difícil, dos pontos de vista prático e intelectual, era fazer a denúncia do totalitarismo stalinista a partir da esquerda, especialmente no contexto da ascensão do nazi-fascismo e da guerra mundial. Orwell, e poucos outros, embrenharam-se nesse terreno minado, sacrificando quase tudo ao imperativo moral de escrever verdades inconvenientes. A recepção política dos escritos de Orwell reflete as dificuldades – e as ironias – da sua aventura.

Lutando na Espanha (Homage to Catalonia), uma narrativa objetiva e pungente da experiência do autor como militante socialista na Guerra Civil Espanhola, foi rejeitado pelo editor de esquerda Victor Gollancz, que ainda movia-se na órbita de influência do Partido Comunista Britânico. Finalmente publicado em 1938 na Grã-Bretanha, vendeu menos de mil exemplares e permaneceu virtualmente desconhecido durante uma década e meia. O livro ganhou uma edição americana em 1952, no auge da Guerra Fria, e suas vendas foram finalmente impulsionadas pelo sucesso imenso de A revolução dos bichos e 1984.

A revolução dos bichos, escrito em quatro meses, ficou pronto em fevereiro de 1944, mas foi rejeitado por Gollancz e outros editores britânicos e americanos. No prefácio para uma edição ucraniana do livro, Orwell rememorou sua militância na Espanha para destacar uma "valiosa lição" aprendida: aquela experiência ensinara-lhe "quão facilmente a propaganda totalitária pode controlar a opinião de pessoas esclarecidas em países democráticos".[82] O motivo das rejeições não era sempre o mesmo. Gollancz operava segundo critérios ideológicos, enquanto os demais curvavam-se às conveniências diplomáticas de governos engajados na aliança de guerra com Moscou. A primeira edição só saiu em 1945, mas foi seguida por inúmeras outras, inaugurando a trajetória de um dos maiores best-sellers de todos os tempos.

Um detalhe curioso da pré-história do livro evidencia o dilema que acompanhou os anos finais da vida de Orwell. O editor inglês Herbert Jonathan Cape aceitou inicialmente os originais, mas mudou de ideia após um contato com o Ministério da Informação. Tudo indica que a pressão contrária derivou da interferência de Peter Smollett, um

---

[82] ORWELL, George. "Preface to the Ukrainian Edition of Animal Farm", março de 1947. http://www.netcharles.com/orwell/articles/ukrainian-af-pref.htm

108

alto oficial do ministério pouco mais tarde desmascarado como agente soviético. Smollett operava junto com Kim Philby, o célebre agente duplo do círculo dos "Cinco de Cambridge". Um ano antes de sua morte, Orwell incluiu o nome de Smollett numa longa lista de escritores inapropriados para colaborar no esforço de propaganda antissoviética do Ministério do Exterior britânico. A "lista de Orwell" transformou-se em argumento tardio, mas poderoso, de uma persistente campanha de difamação do escritor movida pelos "companheiros de viagem" da União Soviética.

"O FARDO DO HOMEM NEGRO"

Eric Arthur Blair, nome de batismo de Orwell, nasceu em 1903, numa pequena cidade no norte da Índia Britânica. A linhagem familiar tinha raízes na aristocracia rural inglesa e seus bisavôs fizeram fortunas nos negócios do tráfico de escravos e das plantações exportadoras na Jamaica. Contudo, o dinheiro desaparecera e seu pai era um funcionário de escassa relevância na administração britânica da Índia.

Ida, a mãe de Eric, retornou para a Inglaterra em 1904, levando-o junto com uma irmã mais velha. O garoto estudou em escolas tradicionais, mediante acertos que permitiam à família pagar preços reduzidos, escreveu poemas e sonhou tornar-se um escritor tão bom quanto H. G. Wells. Graças a seu desempenho, obteve uma bolsa de estudo em Eton, "a mais cara e esnobe das Escolas Públicas Inglesas"[83], onde chegou a ter aulas de francês com o jovem professor Aldous Huxley. Entretanto, o jovem nunca conseguiu resultados acadêmicos prodigiosos e sua família concluiu que uma bolsa de estudos universitária estava fora do alcance.

A alternativa convencional era o serviço público na administração colonial. Blair passou no exame para a Polícia Imperial e, em 1922, embarcou para a Birmânia (hoje, Mianmar), uma província da Índia

---

[83] ORWELL, George. "Preface to the Ukrainian Edition of Animal Farm", Op. cit.

Britânica. Os cinco anos como oficial de polícia na colônia originaram o romance *Dias na Birmânia*, publicado pela primeira vez nos Estados Unidos em 1934. Num ensaio autobiográfico posterior, Orwell disparou críticas ácidas contra seu romance de estreia, no qual "as palavras foram usadas, em parte, por causa apenas de seu próprio som", mas registrou que a "profissão inadequada" de policial colonial ofereceu-lhe "alguma compreensão sobre a natureza do imperialismo".[84]

Flory, o protagonista de *Dias na Birmânia*, reprime sua revolta interior contra a mentalidade estupidificante que o cercava. Num ensaio anterior, Orwell mencionou a palavra "culpa". O jovem policial aprendeu a odiar o imperialismo, mas temia, acima de tudo, ser contaminado pelas atitudes, os hábitos e as ideias dos britânicos, com a sujeira do Império. Na Birmânia, ele definiu sua aparência, adotando um bigode denso e estreito, tatuou os nós dos dedos com símbolos usados pelos nativos como proteção contra balas e mordidas de cobra, aprendeu a falar birmanês com alguma fluência e conservou certa distância dos círculos fechados dos europeus. Em 1927, em férias na Inglaterra, decidiu que não mais seria um policial. Ele resolveu viver como escritor e estabeleceu-se em Londres.

Os bairros miseráveis do East End londrino ocupavam um lugar singular na literatura social. Friedrich Engels escrevera sobre eles em 1844 e não é difícil enxergar nas suas descrições as fontes da imagem sociológica do proletariado delineada pouco mais tarde no *Manifesto Comunista*. O americano Jack London vivera nas mesmas ruas fétidas mais de meio século depois, imortalizando seu habitantes em *O povo do abismo*. A obra de London serviu como inspiração explícita para Orwell. Como seu predecessor, ele experimentaria a vida nos pardieiros, vestindo-se como os sem-teto, repartindo suas refeições abomináveis, dormindo na sarjeta, passando frio e fome.

A Birmânia e o East End são mais que lugares na trajetória de Orwell. As tatuagens étnicas e a resolução de viver com os miseráveis

---

[84] ORWELL, George. "Why I Write" (1946). http://orwell.ru/library/essays/wiw/english/e_wiw

110

tinham um sentido de libertação pessoal. O inglês de Eton atravessava uma ponte de preconceitos herdados, destruindo o chão de mármore da tradição mental britânica, para reinventar-se interiormente:

Ele teve de reprimir a desconfiança e a aversão que sentia pelos pobres, sua repulsa pelas massas "de cor" que proliferavam no Império, suas suspeitas contra os judeus, sua falta de jeito com as mulheres e seu anti-intelectualismo. Instruiu a si mesmo na teoria e na prática, em um processo deveras meticuloso, e se tornou um grande humanista.[85]

Em 1928, Orwell trocou o East End pela rue du Pot de Fer, nas proximidades da Place Monge, uma antiga região operária de Paris. Lavou pratos, conheceu imigrantes da Argélia e do Marrocos, escreveu a versão inicial de *Dias na Birmânia*, publicou seus primeiros artigos jornalísticos numa revista editada pelo comunista Henri Barbusse e, quando não tinha como pagar o almoço, aceitou a ajuda eventual de uma tia que vivia em Paris. A reinvenção pessoal completou-se pela mudança de nome. *Na pior em Paris e Londres*, publicado em 1933, uma descrição notável da sua vida entre os pobres do East End londrino e dos quarteirões populares da capital francesa, já não trazia a assinatura E. A. Blair.

Nos escritos sobre o East End, Orwell registrou a presença de chineses, lascares de Bengala, dravidianos do Ceilão e até mesmo sikhs do Punjab. Uma passagem menciona a beleza das mulheres e especula que seria um resultado da "mistura de sangue". A especulação deve ser lida como um componente da libertação pessoal do escritor, pois o pensamento racial predominante voltava-se, sobretudo, contra a miscigenação. Em 1936, um produtor americano sondou a hipótese de uma adaptação cinematográfica do *Dias na Birmânia*. Orwell gostou da ideia e sugeriu intitulá-la "O fardo do homem negro". Era, provavelmente, a primeira versão de uma ironia que se converteu em lugar-co-

[85] HITCHENS, Cristopher. *A vitória de Orwell*. São Paulo: Companhia das Letras, 2010, p. 19.

mum. Ele admirava a literatura de Rudyard Kipling, o autor do poema *The white man's burden (O fardo do homem branco)*, mas detestava o Império e o imperialismo. "Até 1930, eu não me enxergava, realmente, como um socialista. De fato, eu não possuía visões políticas claramente definidas. Eu me tornei pró-socialista mais pela repugnância com a forma com que o setor mais pobre dos trabalhadores industriais eram oprimidos e negligenciados do que por alguma admiração teórica por uma sociedade planificada."[86] A palavra chave é "repugnância": Orwell era, antes de tudo, um moralista e a política sempre foi, do seu ponto de vista, uma derivação de escolhas morais. Ele era inteligente, capaz de tomar decisões táticas realistas, como revela sua colaboração com o serviço de propaganda da BBC durante a Segunda Guerra Mundial, mas não se dobrava nunca quando o que estava em jogo eram princípios morais.

"O ATO DE UM IDIOTA"

No início de 1936, ápice da Grande Depressão, Gollancz convenceu-o a escrever sobre a condição dos trabalhadores nas regiões devastadas do norte da Inglaterra. Ele viajou para Wigan, nos arredores de Manchester, um antigo distrito de mineração de carvão, e ficou num alojamento fedorento sobre um açougue. Visitou bibliotecas, anotou estatísticas, entrevistou operários e desempregados. A investigação resultou em *The Road to Wigan Pier*, um documento vívido, dramático, da dissolução de um mundo. Gollancz publicou-o com uma longa introdução na qual se distanciava das opiniões críticas do autor sobre a linha política da esquerda oficial. Na volta, Orwell casou-se com a jornalista *freelance* e poeta amadora Eileen O'Shaugnessy. Ele ainda não completara 33 anos, mas aparentava muito mais. Por sua vontade, o matrimônio foi celebrado na Igreja da Inglaterra. Dois anos

---

[86] ORWELL, George. "Preface to the Ukrainian Edition of Animal Farm", Op. cit.

depois, o casal descobriria que Orwell era estéril, o que os levou, em 1944, a adotar um filho.

Um mês depois do casamento, eclodiu a Guerra Civil Espanhola. Orwell tomou, então, a sua decisão moral mais séria e arriscada: ele lutaria ao lado dos republicanos, contra as forças do general Francisco Franco, que tinha o apoio de Hitler e Mussolini. Imaginando, erroneamente, que precisava da chancela de uma organização de esquerda para atravessar a fronteira, procurou Harry Pollitt, o líder dos comunistas britânicos. Pollitt tentou convencê-lo a se alistar nas Brigadas Internacionais, cujo recrutamento era controlado pelos partidos comunistas. Não querendo se comprometer com Moscou, Orwell voltou-se para o Partido Trabalhista Independente, uma cisão de esquerda do trabalhismo britânico, e obteve uma carta de recomendação para o POUM. O Partido Operário de Unificação Marxista, funcionava como leito para a esquerda antistalinista espanhola e exercia influência superior à do Partido Comunista Espanhol (PCE).

No dia 23 de dezembro de 1936, ele e Eileen embarcaram para Paris, de onde seguiriam até Barcelona. A caminho, jantaram com o escritor americano Henry Miller. No livro de ensaios *Dentro da baleia*, de 1940, Orwell rememorou a atitude de Miller diante da guerra espanhola:

> *Encontrei-me pela primeira vez com Miller no final de 1936, quando passava por Paris rumo à Espanha. O que mais me intrigou foi descobrir que ele não sentia nenhum interesse na guerra na Espanha. Disse-me apenas, em termos inequívocos, que ir à Espanha naquele momento era o ato de um idiota. Ele poderia compreender que alguém fosse para lá por motivos egoístas – movido pela curiosidade, por exemplo – mas envolver-se naquilo por um senso de obrigação seria pura estupidez. De qualquer modo, minhas ideias sobre combater o fascismo, defender a democracia, etc., etc., seriam apenas bobagens.*[87]

[87] ORWELL, George. *Inside the Whale* (1940). Gutenberg E-Book. http://gutenberg.net.au/ebooks03/0300011h.html#part12

Orwell não podia compreender a atitude de Miller, pois tudo nele era o oposto do cinismo. Combater o fascismo, defender a democracia – "bobagens" como essas representavam o imperativo supremo na sua vida de asceta. Contudo, atrás dessas motivações, existiam motivos que alguém poderia classificar como "egoístas": Orwell continuava, incansavelmente, a expiar uma culpa infinita, lavando um mal de origem – o de ser britânico, branco, policial imperial – até se purificar.

Barcelona causou-lhe forte impressão. "Os anarquistas ainda conservavam, virtualmente, o controle da Catalunha e a revolução ainda estava em pleno andamento". Na cidade, "praticamente todos os edifícios, de todos os tamanhos tinham sido ocupados pelos trabalhadores e ostentavam bandeiras vermelhas ou a bandeira vermelha e negra dos anarquistas, cada um dos muros exibia o desenho da foice e do martelo, com a sigla dos partidos revolucionários; quase todas as igrejas haviam sido evisceradas e suas imagens queimadas".[88]

Integrado às milícias poumistas, Orwell foi designado para o *front* de Aragão e participou de algumas operações militares, antes de retornar a Barcelona. A guerra na Espanha não era uma, mas duas. À guerra oficial, entre republicanos e franquistas, somava-se a guerra subterrânea, mas totalmente real, entre os comunistas e a esquerda independente. O palco principal da segunda guerra era a Catalunha, base da influência do POUM e foco de poder da CNT, a central sindical anarquista. Em maio de 1937, o conflito atingiu seu ápice, quando a Guardia de Asalto, uma milícia controlada pelo chefe de polícia de Barcelona e largamente influenciada pelo PCE, desencadeou a repressão contra os anarquistas e poumistas. No fundo, como a pesquisa histórica evidenciou muito depois, os comunistas tentavam dar um golpe de Estado que abriria caminho para julgamentos-espetáculo similares aos conduzidos em Moscou. O golpe fracassou, mas as sangrentas batalhas de rua, seguidas por prisões em massa, representaram golpes quase fatais no POUM e erodiram a resistência ao franquismo.

---

[88] ORWELL, George. *Homage to Catalonia* (1938). Gutenberg E-Book. http://gutenberg.net.au/ebooks02/0201111.txt

O POUM foi declarado ilegal na sequência dos confrontos de maio. Seu líder, Andrés Nin, e vários outros dirigentes, foram presos e transferidos para um campo nos arredores de Madri. Nin morreu sob torturas indescritíveis, que culminaram com a remoção de sua pele, supervisionadas por agentes soviéticos. No *Lutando na Espanha*, baseando-se em suas observações diretas e em testemunhos confiáveis, Orwell contou parte da história das "Jornadas de Maio", sublinhando que faltavam-lhe registros cruciais. Ele não sabia nada sobre a sorte de Nin, por exemplo, e não tinha como contestar objetivamente a versão fantástica difundida pelos comunistas segundo a qual o líder poumista fugira para se aliar aos franquistas. Contudo, destacou os rumores, depois confirmados, de que o líder poumista fora assassinado na cadeia pela "polícia secreta".

Depois das "Jornadas de Maio", Orwell desistiu de seu projeto inicial, de se juntar à Coluna Internacional dirigida pelos comunistas no *front* de Madri, que era o foco principal da guerra naqueles meses. No lugar disso, retornou ao *front* aragonês e foi ferido na garganta pelo projétil de um franco-atirador. Tratado em Lérida, deixou o hospital quase sem voz, diagnosticado como incapaz para combate, em meio à perseguição generalizada contra os poumistas. Com a polícia no encalço deles, Orwell e Eileen conseguiram escapar para a França. No final de 1938, seu nome figurou como réu ausente no processo dos líderes do POUM, em Barcelona.

"Aquela foi a primeira vez que eu vi uma pessoa cuja profissão era contar mentiras – a não ser que você conte os jornalistas", observou Orwell sobre um gordo agente soviético baseado em Barcelona que se dedicava a caluniar militantes poumistas classificando-os como espiões.[89] Um memorando encontrado mais de meio século depois nos arquivos da polícia política soviética, datado de 13 de julho de 1937, descreve-o e à sua mulher como "trotskistas declarados" e adenda, "com o usual toque de fantasia surreal", que ambos mantinham con-

---

[89] ORWELL, George. *Homage to Catalonia* (1938). Gutenberg E-Book. http://gutenberg.net. au/ebooks02/0201111.txt

tatos clandestinos com redes oposicionistas em Moscou.[90] Se eles estivessem presentes no processo do POUM, poderiam facilmente acabar sentenciados à morte.

Publicado antes das *Memórias* de Victor Serge, o livro de Orwell figura entre os primeiros relatos confiáveis da guerra espanhola e como uma solitária nota dissonante em meio à saraivada de narrativas falsificadas que emanavam das publicações da esquerda oficial. Numa passagem, Orwell confessa-se assustado com o "evanescimento" do conceito de verdade objetiva no mundo, soterrado sob espessas camadas de versões mentirosas produzidas pela máquina de propaganda partidária. Os historiadores, escreveu, possivelmente não teriam como reconstituir a trama factual dos eventos na Espanha. O tema da verdade, da falsificação e da propaganda política fixou-se em sua mente como uma das questões decisivas nas sociedades contemporâneas e funcionou como inspiração fundamental de *1984*, sua genial alegoria do totalitarismo.

Orwell nunca se comprometeu com nenhum partido político, embora tenha pertencido brevemente ao Partido Trabalhista Independente. Quando embarcou para lutar na Espanha, já desconfiava dos comunistas e abominava a ditadura totalitária de Stalin, mas estava disposto a colaborar com o PCE na luta comum contra o franquismo. O pesadelo espanhol ensinou-lhe que não havia colaboração possível, infundiu-lhe uma aversão permanente aos aparatos partidários da esquerda oficial e revelou-lhe a importância de resgatar do esquecimento as narrativas e os testemunhos dos dissidentes. Durante os anos da guerra, o nome de Serge aparece em seus diários, junto com a observação de que os comunistas o perseguiam no México, assim como a outros trotskistas. Em 1945, ele tentou encontrar um editor para as *Memórias* de Serge. O exilado no México só tinha uma cópia de seus originais, queria postá-la para Orwell, mas relutava em confiar no serviço de correio internacional.

---

[90] HITCHENS, Cristopher. *A vitória de Orwell*. Op. cit., p. 74.

116

A acusação ritual de "trotskismo" dirigida contra Orwell pelos agentes de Moscou na Espanha excede os limites do ridículo. Em *Lutando na Espanha*, as críticas ao POUM concentram-se justamente nas inclinações sectárias da minoria trotskista do partido e, em *Dentro da baleia*, uma observação jocosa descreve o anglo-catolicismo como "o equivalente eclesiástico do trotskismo". Fora da esfera das alegações stalinistas, o suposto "trotskismo" de Orwell estaria refletido em personagens cruciais de suas duas obras célebres. "Bola de Neve", o líder progressista e esclarecido de *A revolução dos bichos*, e Emmanuel Goldstein, o inimigo do Estado em *1984*, são metáforas literárias de Trotsky e evidenciam o imenso respeito do escritor pela figura do revolucionário russo e suas simpatias pelos dissidentes do stalinismo. Contudo, seu julgamento sobre o movimento trotskista não deixa margem para ambiguidades:

> *Os fatos de que os trotskistas são, em todos os lugares, uma minoria perseguida e de que a acusação usualmente dirigida contra eles (a de colaborarem com os fascistas) é obviamente falsa criam a impressão de que o trotskismo é intelectual e moralmente superior ao comunismo; mas é duvidoso que exista muita diferença.*[91]

DENTRO DA BALEIA

Na hora da eclosão da guerra mundial, Orwell não tinha dúvidas morais. Seu lado era o dos Aliados, pois não poderia existir nada pior do que uma vitória do nazifascismo. Ele se inscreveu como voluntário nas forças armadas britânicas, mas foi declarado incapaz para combate devido a crônicos problemas respiratórios. Então, juntou-se à Guarda Civil, uma milícia de voluntários organizada pelo Exército para a defesa interna na hipótese de invasão alemã. Também passou a trabalhar nos serviços de informação da BBC. Mais tarde, em 1942,

---

[91] ORWELL, George. "Notes on Nationalism" (1945). http://orwell.ru/library/essays/nationalism/english/e_nat

começou a produzir análises sobre a guerra para o jornal *Observer*, enquanto escrevia *A revolução dos bichos*.

O lado dos Aliados não era o lado da esquerda comunista no início da guerra. Em agosto de 1939, a Alemanha nazista e a União Soviética firmaram um pacto de não agressão que continha cláusulas secretas sobre a partilha de esferas de influência na Polônia, nos Estados Bálticos, na Finlândia e na Romênia. O Pacto Molotov-Ribbentrop, como ficou conhecido, desencadeou uma radical reorientação da política do Komintern (a Internacional Comunista). Por determinação de Moscou, os partidos comunistas de todo o mundo passaram a denunciar a Grã-Bretanha e os Estados Unidos como potências imperialistas, criticando o esforço de guerra contra o nazismo. Na Grã-Bretanha, os intelectuais comunistas firmaram declarações e distribuíram manifestos de apoio ao pacto. Sob os termos do tratado, a União Soviética forneceu combustíveis e matérias-primas essenciais para a máquina militar alemã durante mais de um ano e meio, até junho de 1941.

O tratado desnorteou alguns antigos comunistas britânicos. Pollitt, que distribuíra 50 mil cópias de um manifesto convocando à guerra contra Hitler em meados de setembro de 1939, assistiu atônito à inversão da linha oficial no fim daquele mês. Por outro lado, os jovens historiadores comunistas Raymond Williams e Eric Hobsbawm assinaram alegremente um panfleto de apoio ao pacto. Enojado, Orwell escreveu a Gollancz: "Os intelectuais que estão hoje argumentando que democracia e fascismo são a mesma coisa me deprimem horrivelmente".[92] Gollancz rompeu com os comunistas e escreveu *A traição da esquerda*, uma coletânea de ensaios para a qual Orwell contribuiu com um capítulo. A ruptura seria revertida, porém, na hora da invasão alemã da União Soviética e, três anos mais tarde, o editor telefonou a diversos colegas para pedir que também rejeitassem os originais de *A revolução dos bichos*. Orwell cometia, nas palavras de Gollancz, "uma

---

[92] RAI, Alok. *Orwell and the politics of despair*. Cambridge: Cambridge University Press, 1988, p. 86.

desonestidade intelectual" e não passava de um escritor "enormemente superestimado".[93]

Durante algum tempo, entre meados da década de 1930 e o fim da Segunda Guerra Mundial, a esquerda oficial manteve uma relação ambígua, oscilante, com Orwell. A deflagração da Guerra Fria eliminou as ambiguidades. Nos círculos intelectuais britânicos sob influência comunista, desencadeou-se o "processo contra Orwell", isto é, uma difamação sistemática destinada a suprimi-lo do cenário de debates por meio da aplicação de rótulos cuidadosamente selecionados.

Orwell explicitara claramente seu ponto de vista fundamental em *Dentro da baleia*, de 1946: "A guerra na Espanha e outros eventos de 1936-37 alteraram a escala e, daquele momento em diante, eu sabia onde me situava. Todas as linhas de trabalho sério que escrevi desde 1936 foram escritas, direta ou indiretamente, contra o totalitarismo e a favor do socialismo democrático, tal como o entendo."[94] Os "outros eventos" sugeridos eram óbvios para aquela geração: os Processos de Moscou conduzidos por Stalin contra a dissidência revolucionária na União Soviética. Diante da escolha entre a democracia e o totalitarismo, Orwell não nutria dúvidas. Na esquerda oficial, e mesmo entre os "companheiros de viagem" que chegaram a erguer a voz contra o stalinismo, essa clareza moral representava um desafio grande demais.

Dentro da baleia é a fonte mais importante do ódio dos intelectuais comunistas britânicos contra Orwell. Numa passagem esclarecedora, com seu gosto pelas constatações empíricas, ele associou o fenecimento do impulso revolucionário desencadeado pelo triunfo bolchevique de 1917 à fraqueza dos sentimentos revolucionários entre os trabalhadores da Europa. Na Grã-Bretanha, um corolário disso, explicou, eram os "patéticos índices de adesão aos partidos extremistas" e o consequente isolamento social de um movimento comunista "con-

---

[93] RODDEN, John. *George Orwell: the politics of literary reputation*. New Brunswick: Transaction Publishers, 2009, p. 109.

[94] ORWELL, George. "Why I Write" (1946), Op. cit.

trolado por pessoas mentalmente subservientes à Rússia e que não têm outros objetivos senão manipular a política externa britânica de acordo com os interesses da Rússia".[95]

Seis anos depois da publicação do *Dentro da baleia*, formou-se o Grupo de Historiadores do Partido Comunista britânico, que contava com Hobsbawm, Christopher Hill, Maurice Dobb, Rodney Hilton e Edward P. Thompson, entre outros. Desse grupo, após a invasão soviética da Hungria, em 1956, nasceria o núcleo da dissidência intelectual que constituiu o movimento da Nova Esquerda dos anos 1960. O trecho do ensaio de Orwell sobre o comunismo britânico, escrito durante a vigência do Pacto Germano-Soviético, equivalia a um holofote apontado para um período sombrio na trajetória dos historiadores de esquerda britânicos. Mais que uma vingança, a difamação de Orwell funcionaria como uma espécie de queima de arquivo.

O toque da corneta foi o ensaio *Fora da baleia*, de E. P. Thompson, publicado em 1960, que atribuía tolamente a *Dentro da baleia* a responsabilidade por desiludir uma geração inteira de jovens radicais, empurrando-os à passividade. Segundo o diagnóstico verdadeiramente orwelliano do historiador, o desencanto com a esquerda tinha mais relação com as linhas críticas produzidas por um jornalista e escritor que com a montanha de ruínas (e de prisioneiros, e de cadáveres) acumulada desde os Processos de Moscou até a supressão da Revolução Húngara pelos blindados do Pacto de Varsóvia.

Thompson dedicou-se, incessantemente, a apontar o dedo para os intelectuais que chamavam o totalitarismo soviético pelo seu nome. Em meados da década de 1970, seu alvo foi o filósofo polonês Leszek Kolakowski, a quem qualificou como traidor dos ideas socialistas. Kolakowski, ao contrário de Orwell, não estava morto e ofereceu-lhe uma resposta divertida, mas devastadora, identificando a oscilação oportunista do historiador entre argumentos morais, contra o capitalismo, e argumentos políticos, a favor do socialismo. O polonês exigia consis-

---

[95] ORWELL, George. *Inside the Whale* (1940). Op. cit.

tência argumentativa, ou seja, a escolha de um critério único, moral ou político, na condução da polêmica.

"De fato, você não pode condenar a tortura em bases políticas, porque na maioria dos casos ela é perfeitamente eficiente e os torturadores obtêm aquilo que querem. Você pode condená-la apenas em bases morais – e então, necessariamente, em todos os lugares do mesmo modo: na Cuba de Batista e na Cuba de Castro, no Vietnã do Norte e no Vietnã do Sul."[96] A réplica de Kolakowski calou Thompson, expondo sua duplicidade. No caso de Orwell, que não podia retrucar, Thompson recorreu simplesmente à mentira, acusando-o de ser "obsessivamente" sensível à "menor insinceridade" da esquerda mas surdo e cego à "desumanidade da direita".[97]

Raymond Williams, com virulência ainda maior, proferiu exatamente as mesmas acusações. Mais criativo, o historiador e político trabalhista irlandês Conor Cruise O'Brien sugeriu que *A revolução dos bichos* e *1984* exprimiriam, para além de seus significados diretos, uma nostalgia do "modo de vida britânico pré-1914" e, referindo-se ao *Dias na Birmânia,* escreveu aparentemente sem corar de vergonha, que Orwell, "embora condene o imperialismo, (...) detesta ainda mais suas vítimas".[98]

A difamação segue um curso notavelmente uniforme, como se cada um dos difamadores apenas agregasse indícios para robustecer as sentenças condenatórias de seus predecessores. Em *Dentro da baleia*, Orwell dissera que "progresso e reação converteram-se, os dois, em fraudes" e sugerira aos romancistas o caminho de "entrar na baleia", ou "admitir que você está dentro da baleia", e "entregar-se ao processo do mundo...simplesmente aceitá-lo, suportá-lo e registrá-lo". Num ensaio de juventude, que repete o título do de Thompson, o escritor anglo-indiano Salman Rushdie enxergou nisso uma celebração da passividade política e classificou tanto o *Dentro da baleia* quanto *1984*

---

[96] KOLAKOWSKI, Leszek. "My correct views on everything". *Socialist Register*, vol. 11, 1974, p. 6.

[97] HITCHENS, Cristopher. *A vitória de Orwell*. Op. cit., p. 45.

[98] HITCHENS, Cristopher. *A vitória de Orwell*. Op. cit., p. 47.

como ferramentas "a serviço de nossos senhores".[99] Os difamadores não gostavam da ideia de registrar todas as verdades, inclusive as inconvenientes.

A "LISTA DE ORWELL"

"A disposição para criticar a Rússia e Stalin", escreveu Orwell em 1944, "é o teste da honestidade intelectual".[100] "Todos os animais são iguais, mas alguns animais são mais iguais que outros" – a frase célebre de *A revolução dos bichos* é uma síntese do tema permanente de Orwell: a identificação e a denúncia da duplicidade moral. Ele aplicou sua extrema sensibilidade nesse campo a alvos à direita e à esquerda, sem se importar com as consequências. Mas viu no totalitarismo stalinista o mal absoluto, pois compreendeu sua natureza: a duplicidade moral não era uma circunstância ou mesmo uma inclinação sistemática do regime soviético, mas o próprio material de que era feito.

A saúde de Orwell deteriorou-se rapidamente nos anos do pósguerra. Eileen faleceu em março de 1945, vítima de um choque anestésico durante uma cirurgia aparentemente simples. Em fevereiro de 1946, Orwell sofreu uma hemorragia tuberculosa, que manteve em segredo. No final do ano seguinte, a tuberculose foi diagnosticada e ele passou uma temporada no hospital. Naquele período, trabalhava intensamente para completar os manuscritos de *1984*. Em março de 1949, novamente hospitalizado, Orwell recebeu a visita da bela jovem Celia Kirwan, uma amiga que começava a trabalhar no serviço de propaganda do Ministério do Exterior. Ela pediu-lhe ajuda, mencionando o vagalhão de propaganda soviética disseminada na Grã-Bretanha. Ele entregou-lhe uma lista de 38 nomes de jornalistas, escritores, atores e intelectuais que definia como "cripto-comunistas, companheiros de

[99] RUSHDIE, Salman. "Outside the Whale" (1984). http://www.granta.com/Archive/11/Outside-the-Whale/Page-4

[100] ASH, Timothy Garton. "Why Orwell Matters". *Hoover Digest*, n. 4, 2001. http://www.hoover.org/publications/hoover-digest/article/6275

viagem ou inclinados nessa direção, que não seriam propagandistas antissoviéticos confiáveis".[101]

Num bloco de notas, ao longo dos anos anteriores, Orwell fizera registros perturbadores sobre diversos personagens. "Quase certamente um agente de algum tipo", "um liberal decadente", "apaziguador, apenas", eram alguns dos registros. Outros soavam ainda pior, pois incluíam referências raciais: ao lado do nome de Charles Chaplin estava escrito "judeu?" e, ao lado de Tom Driberg, "judeu inglês". Como observou Timothy Garton Ash, "há algo de inquietante – a sombra do antigo policial imperial – num escritor capaz de almoçar com um amigo como o poeta Stephen Spender e, em seguida, ir para casa para anotar 'Simpatizante sentimental e muito pouco confiável. Facilmente influenciável. Tendências à homossexualidade'". O pesadelo da Espanha o perseguia, no clima pesado dos primeiros anos da Guerra Fria. Mas a "lista de Orwell" continha apenas os nomes, não as supostas qualificações escritas no bloco de notas.

Tudo indica que o escritor adoentado buscava a atenção e o afeto da jovem amiga. Poucos meses depois, ele se casaria com Sonia Brownell, que o acompanhou nos meses finais e organizou o Arquivo George Orwell, inaugurado em Londres em 1960. A "lista de Orwell" só veio à luz, em sua totalidade, em 2003, nas páginas do jornal *The Guardian*, mas a imprensa britânica tinha informações mais ou menos detalhadas sobre ela desde, pelo menos, 1998. A famosa lista não pode ser honestamente descrita como uma delação. Orwell não ofereceu à polícia evidências ou indícios capazes de colocar a liberdade de alguém em risco. Ele alertou o governo britânico contra empregar determinadas personalidades de esquerda no esforço de propaganda da Guerra Fria. No diagnóstico de Ash, "julgou ser este um ato moralmente defensável (...), assim como antes julgara apropriado (...) empunhar armas contra Franco".[102]

---

[101] EZARD, John. "Blair's babe". *The Guardian*, 21 de junho de 2003. http://www.guardian.co.uk/uk/2003/jun/21/books.artsandhumanities

[102] ASH, Timothy Garton. "Why Orwell Matters". Op. cit.

O escritor morreu em janeiro de 1950. Hoje, seus três inimigos mortais – o imperialismo, o fascismo e o comunismo soviético – fazem parte do monte de ruínas da história do século XX. *A revolução dos bichos* e *1984* são obras imortais, mas a atualidade de Orwell não está exatamente na temática de suas duas grandes obras. O asceta moralista ensinou-nos algo sobre a conspurcação política da linguagem: os abomináveis eufemismos fabricados por burocracias governamentais e máquinas partidárias com a finalidade de ocultar a verdade objetiva. Lendo Orwell, aprendemos a ler o que está escrito abaixo dessa camada de sujeira.

O VICE-REI DA BOLÍVIA

Juan Lechín Oquendo, sindicalista radical (1914-2001)

Gustavo Adolfo Navarro nasceu em Sucre, no altiplano boliviano, em 1898. Aos 17 anos, publicou o primeiro – e único – exemplar da revista *Renacimiento Altoperuano*, que tratava de temas sociais. Logo se envolveu com os círculos intelectuais de oposição ao Partido Liberal, que dominava a cena política do país, começou a escrever para o jornal *El Hombre Libre*, cujo inspirador era o poeta Franz Tamayo, e ingressou no Partido Republicano.

A Revolução Federal de 1899 encerrara o ciclo do Partido Conservador, uma organização controlada pelos donos das minas de prata da região de Sucre e Potosí. Os liberais representavam, essencialmente, os novos empresários das minas de estanho de Oruro. Eles transferiram o Poder Executivo e o Congresso de Sucre para La Paz, onde se concentravam os serviços industriais e financeiros ligados à mineração de estanho. No final da segunda década do século XX, três magnatas bolivianos – Simón Patiño, Moritz Hochschild e Carlos Victor Aramayo – dominavam o negócio do estanho. Os magnatas não participavam diretamente da vida política, mas exerciam influência decisiva sobre os governos por intermédio de políticos e advogados do sistema de lobby da chamada *rosca*. Os republicanos reuniram proprietários rurais, integrantes do clero católico, artesãos e estudantes que denunciavam a submissão dos governantes aos interesses dos empresários das minas.

O golpe republicano de 1920 abriu um novo e turbulento ciclo na política boliviana. O jovem Navarro alinhou-se à facção reformista do caudilho Rosa Bautista Saavedra e ganhou de presente o cargo de cônsul em Le Havre, na França. No Velho Mundo, aos 25 anos de idade, sob o impacto da Grande Guerra, da Revolução Russa e dos ensaios revolucionários na Hungria e na Alemanha, o boliviano deixou de lado o "romantismo desordenado, indisciplinado e trágico" e jogou-se de cabeça no universo dos grupos esquerdistas.[103] Escreveu um livro, *El ingenuo continente americano*, no qual descrevia os supostos princípios comunistas do Império Inca. Não podendo assiná-lo com seu próprio nome, por ocupar o cargo diplomático, inventou o pseudônimo Tristán Marof, que tinha ressonâncias russas ou búlgaras. Pouco mais tarde, renunciou ao cargo, incompatível com sua militância anti-imperialista.

O escritor comunista Henri Barbusse logo prestou atenção no jovem radical, apresentando-o a lideranças da Terceira Internacional como porta-voz dos marxistas bolivianos. Marof ainda não era marxista, e muito menos porta-voz de alguém, mas tudo podia ser verdade quando o tema era a distante, desconhecida Bolívia. Em julho de 1925, o nome de Marof foi inscrito na ata de fundação da União Latinoamericana, criada em Paris por intelectuais respeitados como o espanhol Miguel de Unamuno, o mexicano José Vasconcelos, o guatemalteco Miguel Ángel Asturias e o peruano Victor Raúl Haya de la Torre, que acabara de criar no México a Aliança Popular Revolucionária Americana (APRA).

Os manuais atribuem rotineiramente ao comunista peruano José Carlos Mariátegui a produção da tese de que o comunitarismo incaico serviria como base para a revolução socialista na América Latina – ou, ao menos, nas suas regiões andinas. Mas a ideia surgiu dois anos antes da publicação dos *Sete ensaios interpretativos* de Mariátegui, pela pena de Marof. No livro *La justicia del Inca* (*A justiça do Inca*), de 1926, o boliviano circundou o problema marxista das condições

---

[103] SCHELCHKOV, Andrey. "En los umbrales del socialismo boliviano: Tristán Marof y la Tercera Internacional Comunista". *Izquierdas*, Ano 3, n. 5, 2009, p. 5. http://www.izquierdas.cl/revista/wp-content/uploads/2011/07/Schelchkov.pdf

prévias para o socialismo pelo recurso à "memória histórica" dos indígenas, que reorganizariam a sociedade a partir do *ayllu*, a comunidade clânica tradicional dos quechuas e aymarás.

A Bolívia, país de maioria ameríndia, rica em recursos minerais, funcionaria como plataforma de lançamento da revolução latino-americana: "Nosso caminho direto é ir para um comunismo claramente americano, de condutas e características singulares".[104]

O "comunismo" de Marof era algo como um capitalismo de estado, assentado sobre a propriedade comunal indígena das terras e amparado no controle governamental das minas e do comércio exterior. Aquela "mistura de indigenismo, marxismo e nacionalismo pan-latinoamericano" influenciou Mariátegui e popularizou na Bolívia o slogan de "terras para o povo, minas para o Estado", que seria adotado pouco depois por um dos primeiros congressos de trabalhadores das minas da região de Oruro.[105] Duas décadas mais tarde, em 1946, a ideia figuraria como núcleo das Teses de Pulacayo, o programa formulado por um congresso extraordinário da Federação Sindical de Trabalhadores Mineiros da Bolívia (FSTMB).

O dirigente máximo da FSTMB era Juan Lechín Oquendo. Seis anos após o encontro de sindicalistas em Pulacayo, ele liderou milhares de mineiros que, armados com bananas de dinamite, tomaram as praças das cidades do Altiplano e deflagraram a Revolução Nacional Boliviana.

À SOMBRA DE LEON TROTSKY

O *crash* da bolsa de Nova York, em 1929, derrubou os preços dos minérios. A Grande Depressão desorganizou o mercado mundial de estanho e os governos bolivianos tomaram pesados empréstimos nos Estados Unidos, arruinando as finanças públicas. Na Guerra do

---

[104] MAROF, Tristán. *La justicia del Inca*. Bruxelas: Libreria Falk Fils, p. 26. http://pt.scribd. com/doc/55236482/La-Justicia-del-Inca

[105] JOHN, Steven Sandor. *Permanent revolution on the Altiplan: bolivian trotskysm, 1928-2005*. Ann Arbor: ProQuest, 2006, p. 60-61.

Chaco (1932-35), contra o Paraguai pelo controle do Chaco Boreal, a Bolívia sofreu uma derrota humilhante, que desacreditou o conjunto de sua elite política, evidenciando o envolvimento dos governantes com a *rosca*.

Marof retornara à Bolívia em 1926, fundara um efêmero Partido Socialista e rechaçara bruscamente os convites do presidente Hernando Siles, o sucessor escolhido por Saavedra, para se reincorporar ao Partido Republicano. Preso em 1927 e expulso do país, exilara-se em Córdoba, na Argentina. Depois, entre o *crash* de 1929 e o encerramento da Guerra do Chaco, ele percorreu uma trajetória que, partindo do comunismo oficial de Moscou, o levou até a dissidência trotskista internacional. Enquanto isso, Juan Lechín, nascido em 1914 em Corocoro, cerca de 90 quilômetros ao sul de La Paz, numa família de imigrantes libaneses, começava a trabalhar como maquinista nas imensas minas de estanho Catavi e Siglo XX, de propriedade de Patiño, nos arredores de Oruro.

Referências a Marof como "trotskista" e "intelectual pequeno-burguês" apareceram em documentos da Internacional Comunista datados de 1932. Naquele ano, Marof publicou artigos incendiários contra a Guerra do Chaco, que seria um fruto desastroso de uma coligação de interesses da oligarquia boliviana com a americana Standard Oil, interessada nos campos de petróleo chaquenhos. Ele pregava a deserção dos soldados bolivianos, a derrubada do governo e a nacionalização do petróleo. Em consequência, cassaram-lhe a cidadania boliviana e um tribunal militar sentenciou-o *in absentia* a seis anos de prisão.

Apesar das acusações emanadas de Moscou, Marof não era um trotskista. No exílio argentino, criou a organização Túpac Amaru, que reunia marxistas e nacionalistas. Dois anos depois, em 1934, fundiu-a com a Esquerda Boliviana, uma corrente articulada no Chile por José Aguirre Gainsborg, um intelectual exilado de olhos azuis, neto de um poeta e filho de um diplomata, que rompera com a Internacional Comunista e nutria simpatias pelo movimento trotskista. O chamado "congresso de Córdoba" resultou na fundação do Partido Operário

130

Revolucionário (POR), ao qual aderiram também outros pequenos círculos de exilados.

O POR não nasceu como partido trotskista, mas como um cenário de conflito entre Marof e Gainsborg. O primeiro imaginava um partido de massas, policlassista e indigenista – e, ao que parece, sonhava ver-se guindado à presidência à frente de uma revolução nacionalista. O segundo tentava construir um partido revolucionário marxista clássico – e se comprometia cada vez mais com o trotskismo. A luta faccional se estendeu por quatro anos, durante os quais a Bolívia conheceu dois golpes de militares nacionalistas, o segundo dos quais propiciou o retorno de Marof a seu país. Em outubro de 1938, numa pequena reunião que seria declarada Segunda Conferência Nacional do POR, consumou-se a cisão. Marof e seus seguidores formaram um Partido Socialista Operário Boliviano (PSOB); Gainsborg refundou o POR como uma seção da nova Internacional proclamada por três dezenas de delegados trotskistas no mês anterior em Paris.

Gainsborg morreu logo depois, num acidente automobilístico, e o POR vegetou durante alguns anos como um grupo de amigos esquerdistas que se reuniam em Cochabamba. O partido renasceria na primeira metade da década de 1940, sob o impulso do trotskista brasileiro exilado Fúlvio Abramo e de Guillermo Lora, um talentoso e enérgico estudante de Direito de Cochabamba. Lora pretendia estabelecer o partido no "proletariado" – o que, na Bolívia, significava os trabalhadores das minas do Altiplano. Em pouco tempo, fez contatos com ativistas de Oruro, Challapata, Potosí e Tupiza. Entre eles, estava Lechín, que liderara a grande greve de 1942 dos mineiros de estanho.

Dois anos depois da greve, na qual morreram centenas de mineiros em combates com a polícia, um congresso sindical em Huanuni, nas cercanias de Oruro, fundou a FSTMB, elegendo Lechín como Secretário-Executivo. No congresso, estavam representados o POR e o Movimento Nacionalista Revolucionário (MNR), criado pelos intelectuais Víctor Paz Estenssoro e Hernán Siles Zuazo. O golpe militar de 1943 conduzira ao poder o coronel Gualberto Villarroel López, que nomeara Estenssoro para o cargo de ministro das Finanças e procurava apoio entre os camponeses e os trabalhadores das minas. No interior da federação dos mineiros, que tinha mais de 60 mil filiados, iniciou-se uma disputa entre os revolucionários do POR e os nacionalistas do MNR sobre a conveniência de dar suporte ao novo governo reformista. Villarroel López durou pouco. Em julho de 1946, diante de tropas inertes, trabalhadores, professores e estudantes invadiram o palácio do governo, em La Paz, fuzilaram o presidente e penduraram seu corpo num poste de luz. Meses depois, reuniu-se o congresso extraordinário da FSTMB que adotou as Teses de Pulacayo. Lechín dirigiu o espetáculo, derrotando os porta-vozes do MNR. A resolução final definia a Bolívia como um país "atrasado", mas uma economia exportadora controlada pelos magnatas do estanho, "um elo da cadeia capitalista mundial", e clamava por uma "revolução democrático-burguesa" que, sob a liderança do proletariado das minas, se desdobraria em "revolução proletária".[106]

O texto da resolução baseava-se num rascunho redigido por Lora e inspirado diretamente no Programa de Transição da Quarta Internacional. A sombra de Leon Trotsky, assassinado seis anos antes no México, pairava sobre o congresso de mineiros reunido num povoado andino batido pelos ventos que atravessam o Salar de Uyuni, a 3.710 metros de altitude.

O HOMEM QUE NÃO QUIS SER PRESIDENTE

Lechín é uma figura circundada por pequenos mistérios. Durante o regime de Villarroel, ele e seu lugar-tenente sindical Mario Torres filiaram-se ao MNR e chegaram a distribuir panfletos governistas. Nesse mesmo período, segundo uma discutível versão de Lora, o líder dos mineiros pertencia também, secretamente, ao POR. De qualquer

[106] Las Tesis de Pulacayo (8 de novembro de 1946). http://www.pt.org.uy/textos/temas/pulacayo.htm

132

modo, no congresso de Pulacayo, a resolução defendida por Lora, que participava como delegado do povoado de Llallagua, só triunfou devido à intervenção de Lechín.

O líder dos mineiros, integrante do MNR, "desempenhou um papel recheado de ambiguidades".[107] Nas eleições parlamentares de 1947, ele foi eleito senador por um bloco mineiro articulado pelo MNR e pelo POR. Até 1948, e novamente em 1952 e nos anos seguintes, Lora escreveu discursos e resoluções que eram lidas por Lechín. O MNR, um partido de intelectuais urbanos, não tinha tempo para a política sindical das minas e acreditava que a tensa aliança com o POR jogaria a seu favor, a longo prazo. Na outra ponta, o POR imaginava que, cruzada a esquina da "revolução democrático-burguesa", lideraria a "revolução proletária" e se livraria dos aliados de ocasião. Lechín, por sua vez, provavelmente se sentia confortável na condição de prêmio disputado pelos dois partidos.

No censo boliviano de 1950, a população "indígena" soma 1,7 milhão de indivíduos, 63% do total. A categoria "indígena" baseava-se na língua materna e abrangia quechuas, aimarás, chiquitanos e guaranis. As Teses de Pulacayo adotavam a bandeira de Marof (nacionalização das minas e entrega das terras para o povo), mas passavam ao largo do indigenismo. Na linguagem de Lora e Lechín, o país repartiase numa diminuta classe dominante definida como uma "feudal-burguesia", no proletariado demograficamente minoritário e numa extensa e heterogênea "pequena burguesia" constituída por "pequenos comerciantes e proprietários", "técnicos", "burocratas", "artesãos" e "camponeses". A população rural, quase 2 milhões de habitantes, representava 74% do total, com amplo predomínio de indígenas. Entretanto, não existia nenhuma "questão indígena" nas Teses de Pulacayo. Os mineiros eram, para efeitos censitários, majoritariamente *mestizos* e indígenas, mas enxergavam a si mesmos como operários e como bolivianos, não como aimarás ou quechuas.

---

[107] JOHN, Steven Sandor. *Permanent revolution on the Altiplan: bolivian trotskysm, 1928-2005.* Op. cit., p. 164.

Os conservadores governaram a Bolívia após a derrubada de Villarroel, enquanto o MNR conspirava nos subterrâneos. Uma tentativa de golpe nacionalista, em 1949, dissolveu-se num banho de sangue. Dois anos depois, Estenssoro experimentou o caminho das urnas e venceu com larga margem, mas o presidente Mamerto Urriolagoitia recusou-se a passar-lhe o cargo, transferindo o poder a uma junta militar. Seguindo seus instintos mais profundos, o MNR voltou-se para os comandantes da força policial de La Paz e organizou um golpe. A cidade foi tomada em abril de 1952, mas os golpistas encontraram o arsenal vazio e souberam que 8 mil soldados rumavam para a capital a fim de esmagá-los.

Nessa hora, comandados por Lechín e Siles Zuazo, irromperam as milícias de mineiros, que se juntaram aos operários da maior fábrica de vidros da cidade. Durante dias, La Paz transformou-se em palco de combates – até que os jovens recrutas mudaram de lado, unindo-se aos trabalhadores das minas. Isolados, os chefes militares se renderam e o país caiu nas mãos do MNR. Lechín, em pessoa, à frente dos trabalhadores armados, apossou-se do Palácio Quemado. O poder oferecia-se ao líder dos mineiros, que contava com o apoio entusiasmado dos protagonistas da revolução popular, mas ele recuou e firmou um pacto legalista, convertendo-se em fiador de Estenssoro.

A Revolução Nacional desenrolou-se entre 1952 e 1960, durante os governos de Estenssoro e de seu sucessor, Siles Zuazo. O primeiro governo do MNR instituiu o voto universal e, nas eleições de 1956, o eleitorado saltou de 200 mil para quase um milhão. Apesar das declarações de Estenssoro, que enfatizava o caráter "anticomunista" de seu partido e sua aversão à ideia de nacionalização do setor mineral, o governo não podia resistir à pressão popular. "Minas para o Estado": em outubro de 1952, as minas de estanho das três empresas da *rosca* foram estatizadas e reunidas sob a *holding* Corporação Mineira da Bolívia (Comibol). As minas médias e pequenas, contudo, permaneceram com seus antigos proprietários, como queria o MNR.

A nova Central Operária Boliviana (COB), criada logo após a insurreição, presidida por Lechín e sob a influência dominante da FSTMB, obteve direito de representação na Comibol e de veto de qualquer decisão da empresa estatal. Uma Lei de Reforma Agrária aboliu o trabalho forçado e distribuiu os latifúndios para os camponeses. Sob o impulso da COB, constituíram-se sindicatos de camponeses, além de milícias camponesas que, como as milícias dos mineiros, foram armadas pelo governo. No ápice de sua popularidade, aos 40 anos, Lechín distinguia-se como um orador talentoso e como um líder popular idolatrado.

Diversos dirigentes do POR, inclusive Lora, aceitaram cargos no segundo escalão do governo, como altos assessores ministeriais. No final de 1952, segundo um relato de Lora, "um grupo de militantes trotskistas – alguns com grande influência nos sindicatos (...) – entraram no MNR com a intenção de realizar um trabalho revolucionário no interior de um partido de massas".[108] A agitação revolucionária sacudia todo o país e a cúpula do MNR temia um novo levante dos mineiros. Depois do moderado Estenssoro, seria a vez da COB, ou seja, de um "governo operário e camponês", imaginavam os trotskistas.

Lechín, contudo, desempenhou um papel crucial na estabilização do novo regime. Os discursos oficiais falavam de "cogoverno" do MNR com a COB. Além de presidir a central sindical, o líder dos mineiros foi escolhido como ministro das Minas e do Petróleo, um cargo que colocou nas suas mãos as chaves do núcleo estatizado da economia boliviana. Dentro do Palácio Quemado, dirigentes do POR escreviam os discursos incendiários lidos pelo poderoso ministro, que funcionava como um vice-rei da Bolívia. Contudo, o país continuava a depender do mercado mundial de estanho, que oscilava ao sabor da dinâmica das altas finanças internacionais. Em outubro de 1953, o diário francês *Le Monde* estampou na capa a manchete "A revolução boliviana entre Wall Street e Leon Trotsky".[109]

---

[108] PRÉSUMEY, Vincent. "Guillermo Lora (1921-2009), la conscience ouvrière bolivienne" (2009). Le Militant. http://www.le-militant.org/carnet/lora.htm

[109] JOHN, Steven Sandor. *Permanent revolution on the Altiplan: bolivian trotskysm, 1928-2005*. Op. cit., p. 223.

Wall Street teria a última palavra. Aos poucos, à medida em que refluía a agitação revolucionária, Estenssoro estabeleceu o controle do MNR sobre o aparelho de Estado e, na COB, a influência do POR foi reduzida pelo próprio Lechín. No governo seguinte, de Siles Zuazo, um decreto coassinado por Lechín restaurou o Exército, que fora abolido. A nova força em armas foi organizada com ajuda financeira dos Estados Unidos, que também enviaram especialistas militares.

Provavelmente nunca se saberá ao certo se Lechín chegou a ser um agente do POR "infiltrado" no MNR e no próprio governo boliviano. Os trotskistas sempre tiveram uma certa inclinação por expedientes desse tipo. Dois casos célebres são os do inglês Ken Livingstone e do francês Lionel Jospin. Livingstone conservou uma dupla militância, no Partido Trabalhista britânico e em correntes trotskistas infiltradas, entre os primeiros anos da década de 1970 e seu primeiro mandato como prefeito de Londres, entre 2000 e 2004. Do outro lado do Canal da Mancha, Jospin operou como "infiltrado" da Organização Comunista Internacionalista (OCI), um pequeno partido trotskista, no Partido Socialista Francês entre 1971 e 1988, quando foi nomeado ministro de François Miterrand, rompeu com a OCI e iniciou a escalada que o conduziria, uma década depois, ao cargo de primeiro-ministro. Lechín, porém, se um dia pertenceu ao POR, certamente tinha se desligado bem antes da eleição de Siles Zuazo, em 1956, quando a corrente trotskista já perdera quase toda a sua influência.

ESQUERDA E DIREITA

Paz Estenssoro governou nos anos quentes da Revolução Nacional, promovendo reformas radicais que preferiria não fazer para restaurar as estruturas abaladas do Estado boliviano. Siles Zuazo governou no período de declínio da onda revolucionária, restabelecendo o monopólio da força do aparelho estatal. No seu mandato, o país aceitou o chamado Plano Eder, uma coleção de medidas de austeridade propostas pelos Estados Unidos como condição para liberação de empréstimos destinados a estancar a crise financeira boliviana. Sobretudo, porém, o governo consagrou-se a dissolver as milícias da COB, que funcionavam como o braço armado do poder de Lechín.

O chefe da COB moveu-se, então, para a esquerda, criando uma corrente de oposição ao presidente no interior do MNR. As lendárias minas Siglo XX, Catavi e Huanuni ainda tinham poderosas organizações sindicais, com suas estações de rádio e milicianos armados, mas já não passavam de relíquias de uma revolução encerrada. Os mineiros não participavam mais do jogo do poder, que se travava entre as facções do MNR e uma nova oposição de direita, a Falange Socialista Boliviana (FSB), de inspiração fascista, alicerçada sobre a antiga elite de proprietários de terras e empresários das minas.

Para evitar a fragmentação do MNR, Estenssoro apresentou-se como candidato às eleições de 1960 e persuadiu Lechín a aceitar o lugar de vice-presidente em sua chapa. O arranjo representava um giro à esquerda do partido dirigente, que precisava do apoio eleitoral da COB. Ao que tudo indica, Lechín foi convencido a juntar-se à campanha de Estenssoro por meio da promessa de que, nas eleições seguintes, ele mesmo figuraria como candidato à presidência.

A sorte de Lechín começou a mudar quando ele acreditou em Estenssoro. Depois de menos de dois anos na vice-presidência, o líder da COB viu-se cercado de estranhas (e falsas) acusações de envolvimento com o florescente negócio do tráfico de drogas, que partiam de gabinetes chefiados por figuras cinzentas do próprio MNR. O governo não tentou defendê-lo. Em vez disso, nomeou-o embaixador na Itália, um exílio dourado que duraria cerca de um ano e provocaria uma ruptura política definitiva com o partido de Estenssoro e Siles Zuazo.

A ruptura se consumou na convenção do MNR de 1963. Enquanto Lora, o antigo camarada trotskista de Lechín, era aprisionado e enviado para o exílio, Estenssoro foi escolhido para disputar a reeleição, o que exigia emendar a constituição. Lechín protestou vigorosamente e, seguido pela ala esquerda do MNR e por antigos quadros políticos do POR, fundou o Partido Revolucionário da Esquerda

Nacionalista (PRIN). Estenssoro venceu a eleição de 1964 numa chapa cujo vice era o general René Barrientos. Meses depois, um golpe militar derrubou o governo e Barrientos assumiu a presidência, servindo como fachada do poder do Exército.

O golpe foi apresentado por Barrientos como uma restauração dos ideais da Revolução Nacional, traídos pelo MNR. Envolvido no conflito faccional com Estenssoro, Lechín ofereceu seu apoio aos golpistas. Logo depois, o novo poder aprisionou a direção da COB e enviou seu presidente para o exílio que se prolongaria até 1971. Durante o exílio do líder sindical no Peru, desenrolou-se na savana boliviana o drama da fracassada guerrilha de Che Guevara. O pequeno grupo guevarista não obteve a adesão dos camponeses, como planejava, mas conseguiu ao menos uma moção de apoio de uma assembleia de mineiros de Huanani.

O gesto quase simbólico, realizado em um cenário desesperador, durante a selvagem repressão militar contra as seções sindicais das minas históricas, evidenciava a influência remanescente do chefe da COB no exílio. No início de 1967, em Havana, Lechín prometeu a Fidel Castro uma declaração de apoio a Guevara – e, de fato, no Primeiro de Maio daquele ano o PRIN divulgou um manifesto saudando os guerrilheiros como "libertadores da pátria".[110] Pouco depois, os militares invadiram as minas Siglo XX e Catavi e massacraram centenas de trabalhadores grevistas e seus familiares. Retornando de Cuba com passaporte falso, Lechín experimentou uma breve detenção no porto chileno de Arica. Num gesto de puro oportunismo, menos de seis meses depois, logo após a captura e execução de Guevara, o PRIN retiraria seu endosso aos "libertadores".

O cenário político boliviano mudou radicalmente no final de 1969, após o golpe conduzido por oficiais reformistas hipnotizados pelo brilho aparente do regime militar nacionalista de Juan Velasco Alvarado, no Peru. Na presidência, o general Juan José Torres retomou a

---

[110] LAMBERG, Robert F. "Che in Bolivia: the 'revolution' that failed". *Problems of communism*, vol. XIX, n. 4, julho 1970, p. 34.

138

antiga retórica da Revolução Boliviana, nacionalizou a americana Gulf Oil e anunciou a restauração da liberdade sindical. Em março de 1970, um congresso na simbólica mina Siglo XX reconstituiu a FSTMB e, no mês seguinte, a COB renasceu das cinzas. Lechín voltou do exílio a tempo de participar do congresso da COB. Com a mão no peito, diante de facções rivais de delegados nacionalistas, comunistas, guevaristas, maoístas e trotskistas, pronunciou um discurso radical de *mea culpa*. Ele se arrependia de ter aceitado a nacionalização apenas parcial das minas e de ter se incorporado aos governos do MNR na sequência da insurreição de 1952; dali em diante, só confiaria nos sindicatos e no povo trabalhador. O congresso o reconduziu à presidência e, logo depois, o líder foi aclamado presidente da Assembleia Popular, um órgão parlamentar patrocinado por Torres e apresentado como embrião de um novo tipo de Estado. Era como se, num passe de mágica, a história se repetisse, oferecendo, mais uma vez, o poder ao homem que o recusou nas jornadas revolucionárias de 1952.

Mas os tempos eram outros e os sindicatos já não davam as cartas. A Assembleia Popular reuniu líderes mineiros, camponeses e estudantis que imaginavam controlar o poder. Mergulhados em acirrados debates ideológicos, os delegados discutiam o controle operário sobre as minas e as fábricas, a criação de milícias armadas e o estabelecimento de tribunais populares. Em outubro de 1970, uma delegação da Assembleia Popular constituída por Lechín e Lora, além de representantes do Partido Comunista, dos sindicatos mineiros e das universidades encontra-se com Torres para exigir que o governo distribua armas ao povo.

Torres não estava disposto a ir tão longe. O movimento da Assembleia Popular também tinha fôlego curto, retrocedendo e fragmentando-se em correntes inconciliáveis, enquanto enfraquecia a autoridade do governo, que tentava se equilibrar entre as pressões militares e as demandas revolucionárias. Em meio à anarquia, em agosto de 1971, o general Hugo Banzer Suárez, antigo desafeto de Torres, promoveu um golpe militar e desencadeou uma sangrenta repressão contra os trabalhadores das minas e os estudantes.

O Exército boliviano de 1971, reorganizado com financiamento e treinamento providenciados pelos Estados Unidos, não se parecia com os batalhões mal-ajambrados que não conseguiram enfrentar os mineiros em 1952. Além disso, o golpe de Banzer contou com o apoio da Falange Socialista Boliviana e da ala direita do MNR, rearticulada em torno de Estenssoro. O novo regime logo assumiu a forma de uma ditadura militar de segurança nacional, alinhada com Washington e influenciada pelo regime militar brasileiro. Mais uma vez, a liderança da COB foi destroçada e, novamente, Lechín buscou o caminho do exílio.

DE LÍDER A SÍMBOLO

Sob a ditadura de Banzer, a Bolívia concluiu uma longa transição histórica que encerrou o ciclo do "capitalismo minerador". Nos anos 1970, enquanto começava a declinar a produção de estanho, anunciaram-se descobertas significativas de reservas de gás natural e petróleo nas terras baixas do oriente do país. No mesmo período, com o desenvolvimento da agricultura empresarial de soja e algodão, a cidade de Santa Cruz de la Sierra tornou-se um próspero polo comercial. As velhas minas estatais da Comibol continuavam a empregar contingentes enormes de operários. O complexo Catavi-Siglo XX, por exemplo, tinha mais de 5 mil funcionários. Contudo, as minas do Altiplano cada vez menos produtivas, eram um reflexo do passado, que se apagava aos poucos.

O brilho de Lechín também se apagou lentamente, acompanhando o declínio do "capitalismo minerador". A sua eleição para a presidência da Assembleia Popular representou uma solução de compromisso entre correntes políticas esquerdistas em conflito, que encontraram nele um mínimo denominador comum simbólico. Quando a ditadura banzerista terminou, em 1978, Lechín voltou para a Bolívia e, como sempre, foi reconduzido à chefia da COB. Dois anos mais tarde, às vésperas de um novo golpe militar, candidatou-se à presidência pelo seu PRIN, mas obteve apenas uma fração insignificante dos votos. No ciclo democrático seguinte, à frente da COB e da FSTMB, ajudou a infernizar o governo de Siles Zuazo (1982-85), liderando greves gerais e manifestações de massa que desafiavam os planos de austeridade. Depois, sob mais um governo do eterno Estenssoro, o colapso dos preços do estanho provocou o fechamento da maioria das minas estatais. Contra o aliado de uma era encerrada, Lechín pronunciou seus últimos, virulentos discursos.

Aos 73 anos, em 1987, o "vice-rei" deu adeus à FSTMB, entregando o berço do sindicalismo boliviano aos cuidados de um ex-militante do POR, Filemon Escobar. Ele acalentava ainda a ilusão de conservar a presidência da COB, porém a enfraquecida central sindical preferiu, finalmente, substituí-lo por Genaro Flores, o dirigente de uma corrente sindical camponesa. A troca de guarda na COB tinha amplos significados políticos. Lechín dirigiu trabalhadores e camponeses de origens indígenas, mas nunca operou com a linguagem da etnia ou da raça: ele falava de direitos de classe, na moldura geral da ideia de cidadania. Flores, pelo contrário, era um dos arautos do indigenismo político que, menos de duas décadas mais tarde, conduziria Evo Morales à presidência da Bolívia.

O velho Lechín foi visto, e saudado, muitas vezes, nos elegantes cafés de La Paz que frequentara desde seus tempos de glória, na década de 1950. Um ano antes de morrer, causou alguma consternação nos círculos intelectuais ao aceitar uma condecoração do ex-ditador Banzer, então presidente constitucional. Mas, então, ele já era uma lenda: um vulto do passado, imune à crítica e à recriminação.

Juan Claudio Lechín, filho único de Lechín, nasceu em 1956, quando seu pai era, ainda, o "vice-rei" da Bolívia. Dramaturgo e escritor, Juan Claudio desiludiu-se rapidamente com os regimes de esquerda na América Latina e, em 2012, publicou um livro no qual sugere que o conceito de fascismo serve para iluminar as estratégias políticas de Fidel Castro, Hugo Chávez e Evo Morales. Entrevistado sobre o livro, ele definiu Lechín com as seguintes palavras:

Meu pai foi um líder sindical por mais de 40 anos. Durante a sua era, os sindicatos na Bolívia abrigaram todas as tendências políticas – comunistas, anarquistas, liberais, maoístas, trotskistas, nacionalistas. Todas as camadas de bolivianos eram membros – camponeses, motoristas de táxi, mulheres, cegos, mineiros. Foi um tempo duro (...). Devido a suas lutas, meu pai foi aprisionado, exilado e perseguido. Mas ele sempre teve duas metas. Uma foi conservar o sindicalismo unido. A outra, obter cidadania genuína para o povo. No seu funeral, uma mulher idosa abraçou-se ao caixão, chorando e gritando: "Ele nos ensinou o que são férias! O que é a seguridade social! Ele nos ensinou a ser humanos!" Naquela hora, percebi que, apesar de todas as lutas ideológicas intestinas, permaneceria um povo capaz de lutar por seus direitos e sua dignidade.[111]

Em La Paz, no dia em que Juan Claudio concedia a entrevista, uma marcha pacífica de indígenas contra a construção de uma moderna estrada em suas terras sofria ameaças e agressões de um bando de militantes do Movimento ao Socialismo (MAS), o partido do presidente Morales, armados com porretes e bananas de dinamite.

---

[111] GLENDINNING, Chellis. "What's going to last". *Guernica*, 1 de junho de 2012. http://www.guernicamag.com/interviews/whats-going-to-last/

O TRAUMA DO COLONIALISMO

Frantz Fanon, psiquiatra terceiro-mundista (1925-1961)

"Fanon é uma distante lembrança de que poderia ter existido uma outra Argélia", pontuou o historiador David Macey.[112] Frantz Fanon participou, nas fileiras da Frente de Libertação Nacional (FLN) da guerra anticolonial argelina, mas sua visão de futuro não era igual à do movimento de libertação – e, especialmente, era muito diversa da Argélia produzida pelo regime da FLN.

Na sua proclamação anticolonial de 1954, a FLN desenhou o futuro da Argélia a partir de uma identidade árabe-islâmica. Fanon nunca criticou a proclamação, preferindo mencionar diversas declarações circunstanciais que apontavam outros caminhos. No seu estudo engajado da revolução argelina, escrito em 1959, atribuiu suas próprias ideias ao movimento de libertação:

> *Para a FLN, na moldura da Cidade em construção, não existem senão argelinos. No ponto de partida, portanto, todo o indivíduo que vive na Argélia é um argelino. Na Argélia independente de amanhã, dependerá*

---

[112] SAGE. *Theory, Culture & Society*. Interview with David Macey on Fanon, Foucault and Race, 5 de janeiro de 2011. http://theoryculturesociety.blogspot.com.br/2011/01/interview-with--david-macey-on-fanon.html

de cada argelino assumir a cidadania argelina ou rejeitá-la em benefício de outra.[113]

Na Argélia imaginada por Fanon, a minoria de origem europeia poderia encontrar um lugar, assim como as minorias berbere e judaica, que não se viam representadas por uma identidade árabe-islâmica. O notável, nisso, é que o revolucionário terceiro-mundista exprimia-se na linguagem universalista europeia – de fato, precisamente, na linguagem da Revolução Francesa. A "Cidade", uma palavra muito significativa no contexto, era o país de todos que desejassem fazer parte dele, não o patrimônio exclusivo de uma "cultura", de um "povo" ou de uma "etnia".

E isso era apenas o começo. Os trechos mais extensos da obra de Fanon sobre a revolução argelina não são análises políticas convencionais, mas exames das mudanças nas atitudes e comportamentos sociais dos argelinos sob o impacto do turbilhão da guerra anticolonial. Ele registra a emergência de indivíduos, que se libertam das cangas da tradição e operam fora das estruturas familiares ou clânicas. Sobretudo, destaca o protagonismo das mulheres, especialmente das jovens, na organização da luta revolucionária. Se tivesse vivido o suficiente, Fanon talvez viesse a escrever um outro estudo, sobre a restauração – ou melhor, a reinvenção – dos "esquemas habituais" da sociedade argelina pelo regime triunfante da FLN.

Fanon é, provavelmente, o melhor testemunho de um fenômeno que deve ser descrito como deslocamento intelectual. Ele se acreditava um marxista e tentava aplicar o conceito de luta de classes para o contexto colonial, mas essa tentativa expunha à luz do dia as inadequações do marxismo na abordagem de sociedades pré-industriais. Karl Marx celebrara o imperialismo britânico na Índia, interpretando-o como ferramenta de aceleração da modernização. Inspirado por

---

[113] FANON, Frantz. *Sociologie d'une révolution (L'na V de la révolution argélienne)*. Les Classiques de Sciences Sociales, Chicoutimi: Université de Québec, 2011, p. 123. http://classiques.uqac.ca/classiques/fanon_franz/sociologie_revolution/socio_revolution_algerie.pdf

essa tradição, o Partido Comunista Francês (PCF) circundou o tema da independência argelina, regurgitando sem cessar a ideia de uma União Francesa e, de fato, subordinando a libertação colonial à futura revolução proletária na França. Na direção oposta, Fanon embrulhou seu terceiro-mundismo na linguagem de uma luta de classes internacional que, não sendo liderada pelos operários industriais, pouco tinha em comum com a doutrina marxista.

O deslocamento intelectual era inevitável, pois correspondia a uma série de deslocamentos pessoais. Fanon nasceu na Martinica, então colônia francesa, hoje um departamento de ultramar da França. Seu pai, negro, descendia de escravos africanos transferidos para o Caribe. Sua mãe, branca, descendia de franco-alemães da Alsácia, nativos caribenhos e africanos. Ele estudou na Martinica e na França e lutou nas forças da França Livre de Charles De Gaulle, mas trabalhou na Argélia e fez sua experiência política decisiva na guerra anticolonial. Fanon foi martinicano, francês ou argelino? "Pátria", para Fanon, era uma ideia, não um país.

Reza a lenda dos biógrafos que existiram dois Fanon. O da juventude, autor de *Peau noire, masques blancs* (*Pele negra, máscaras brancas*), de 1952, seria um arauto da revolta individual. O da maturidade, autor de *Les damnés de la Terre* (*Os condenados da Terra*), de 1961, seria um porta-voz dos movimentos de libertação no Terceiro Mundo. Há algo de verdadeiro e importante na distinção, mas convém não exagerá-la. A dicotomia racial do jovem Fanon, base de sua abordagem "psiquiátrica" do colonialismo, não desapareceu na maturidade: o Terceiro Mundo que ele iluminou na obra célebre é, quase exclusivamente, África.

"MINHA PELE NEGRA..."

Casimir, o pai de Frantz, tinha um bom e seguro emprego público no serviço alfandegário da Martinica francesa. Ele participava de uma elite nativa de classe média que funcionava como elo social e político de ligação entre a potência europeia e a massa da população martinicana, constituída por descendentes pobres de escravos deslocados da África. Frantz, por isso, teve a oportunidade de estudar no Liceu Schoelcher, em Fort-de-France, a melhor escola da colônia. Lá, não muito antes da elevação da Martinica ao estatuto de departamento ultramarino, assistiu as aulas do poeta Aimé Césaire, um dos criadores do movimento literário e político da *Négritude*.

Mais que um professor, Césaire foi algo como um inspirador de Fanon. O rótulo *négritude* surgira no poema *Cahier d'um retour au pays natal* (*Caderno de um retorno ao país natal*), publicado por Césaire num jornal estudantil de Paris que ele editava junto com Léon Damas, da Guiana Francesa, e Léopold Sédar Senghor, futuro primeiro presidente do Senegal. No interior do rótulo, pulsava a ideia de um vínculo cultural profundo, definido pela origem, que uniria os africanos e seus descendentes espalhados pelo mundo. Fanon oscilou diante dessa ideia, que o atraía e repelia, simultaneamente.

A *Négritude* era uma objeção frustrante à reivindicação de superioridade dos europeus. O "racismo científico" afirmara que os europeus têm a chave da Razão; os jovens contestadores retrucavam dizendo que, então, os africanos eram os mestres da emoção e do ritmo. Os dois conjuntos de mitos reforçavam-se mutuamente, formando um raciocínio dualista amparado pelo pensamento racial. No mesmo ano, de 1955, Fanon revelou-se entusiasmado pela *négritude* ("Césaire estava lá, e com ele descobrimos...que é maravilhoso, bom e perfeito ser negro") e criticou sua lógica interna, reconhecendo na "miragem negra" uma ilusão gerada pelo racismo.[114]

A oscilação, entretanto, evidenciava mais a admiração do jovem pela figura de Césaire que uma genuína reflexão intelectual. Anos antes, no *Pele negra, máscaras brancas*, Fanon escrevera uma passagem crucial: "Minha pele negra não é o repositório de valores específicos".[115] A *négritude* refletia as preocupações de intelectuais e ativistas

[114] MACEY, David. "'I Am My Own Foundation': Frantz Fanon as a Source of Continued Political Embarrassment". *Theory, Culture & Society*. Vol. 27, 2010, p. 38.

[115] FANON, Frantz. *Peau noire, masques blancs*. Les Classiques de Sciences Sociales, Chicoutimi: Université de Québec, 2011, p. 225. http://classiques.uqac.ca/classiques/fanon_franz/peau_noire_masques_blancs/peau_noire_masques_blancs.pdf

políticos ligados à África Ocidental francesa e, apesar de Césaire, seu nexo caribenho encontrava-se, principalmente, no Haiti. Fanon, como outros intelectuais da Martinica e de Guadalupe influenciados pelo marxismo, tendia a se distanciar do romantismo racial que animava o movimento. A *négritude*, acima de tudo, nada dizia de útil para os revolucionários argelinos, situados na faixa de contato entre a África e o mundo árabe-muçulmano.

A vida cotidiana na Martinica tornou-se mais difícil depois da rendição francesa de 1940. As forças navais francesas de ultramar, leais ao regime colaboracionista de Vichy, foram forçadas a permanecer na ilha e os marinheiros protagonizaram diversos episódios de ataques sexuais contra martinicanas. Fanon enxergou nos abusos o traço odioso do racismo colonial e, em 1943, aos 18 anos, fugiu para a Dominica britânica, unindo-se às forças da França Livre. De lá, com as tropas, seguiu para Casablanca e para o litoral da Argélia, antes de ser transferido para a frente de batalha da Alsácia. Ferido e condecorado, o jovem soldado e seus camaradas caribenhos foram impedidos de cuzar triunfalmente o Reno com o restante do regimento, composto de brancos.

No fim da guerra, Fanon retornou à Martinica e envolveu-se na campanha eleitoral de Césaire, que elegeu-se prefeito de Fort-de-France e deputado à Assembleia Francesa pela lista do Partido Comunista Francês. Fanon logo se desiludiu com Césaire, que não se alinhou com os independentistas, mas ajudou a formular o artigo constitucional elevando a Martinica e Guadalupe a departamentos ultramarinos, e seguiu para a França. Em Lyon, cursou medicina e psiquiatria, estudando também literatura e filosofia. Diplomado em psiquiatria em 1951, conseguiu um posto de residente em Saint-Alban, sob a orientação do psicanalista catalão Francesc Tosquelles, um refugiado do franquismo que procurava mesclar a análise freudiana da alienação com as teses marxistas sobre a sociedade capitalista.

A prática em psiquiatria começou no ano seguinte, na cidade de Pontorson, na Mancha, e prosseguiu no hospital psiquiátrico de Blida, nas proximidades de Argel, a capital argelina. Antes, porém, apresentou em Lyon sua dissertação, intitulada *A desalienação dos negros*, que foi rejeitada pela banca. Fanon produziu, então, às pressas, uma dissertação menos ambiciosa e, encorajado pelo filósofo comunista Francis Jeanson, publicou a tese original sob o título de *Pele negra, máscaras brancas*. As experiências de juventude na Martinica, o comportamento racista das tropas francesas no Caribe e as relações entre soldados negros e brancos de seu regimento serviram como fontes inspiradoras de seu texto.

Um incidente significativo marcou o primeiro encontro entre Fanon e Jeanson, que ocupava um cargo de editor na célebre casa editorial Seuil. O autor, um tanto nervoso e inseguro, ouviu a apreciação do editor, que fez críticas pontuais, mas declarou-se admirado pelo belo trabalho. Nesse ponto, interrompeu-o bruscamente com uma impolida pergunta retórica: "Nada mal para um negro, não é?", utilizando a palavra *nigger*, um conhecido insulto racial.[116] Jeanson, indignado, cortou a entrevista e mandou Fanon para casa. A reação teve efeitos imediatos. Fanon convenceu-se de que o filósofo abominava o racismo e passou a devotar-lhe um profundo respeito.

Pele negra, máscaras brancas é um mergulho nas patologias identitárias criadas pela situação colonial e evidenciadas pela articulação da linguagem. Os negros das Antilhas Francesas, argumenta Fanon, internalizaram a noção de que a civilização é idêntica à sociedade branca metropolitana, ingressando assim num vórtice sem saída. O resultado é a alienação, um fruto do desejo de se desprender da cor de sua pele por meio da adesão à cultura europeia. A referência, produzida pelo colonialismo, funciona como um compasso inflexível: quanto mais distante da sociedade branca está um negro, menos civilizado ele é. A questão de fundo aparece assim no texto de Fanon:

---

[116] DUODU, Cameron. "What Frantz Fanon Meant to African Liberation". *New African*, 14 de novembro de 2011. http://www.newafricanmagazine.com/features/politics/what-frantz-fanon-meant-to-african-liberation

150

No ponto extremo, relato um episódio que é, de certo modo, cômico. Recentemente, conversei com um martinicano que me disse, colérico, que alguns indivíduos de Guadalupe se faziam passar por martinicanos como nós. Mas, ajuntou, nota-se rapidamente a farsa: eles são mais selvagens que nós. Compreenda-se o sentido disso: eles estão mais afastados dos brancos.[117]

Não se deve concluir daí que Fanon enxergava uma saída na celebração da negritude ou de um mítico passado glorioso negro. O romantismo racial não passa de um gueto: "Eu sou francês. Eu me interesso pela cultura francesa, pela civilização francesa, pelo povo francês. Nos recusamos a nos considerar 'à parte'; estamos dentro do drama francês (...). O que posso fazer, eu, com um Império negro?"[118] O universalismo é uma necessidade absoluta: "Eu me descubro, um dia, no mundo e reconheço para mim um único direito: o de exigir do outro um comportamento humano. Um único dever: o de não negar minha liberdade por causa de minhas escolhas. Não quero ser vítima da busca ilusória de um mundo negro. Minha vida não deve ser consagrada a fazer o inventário dos valores negros. Não existe mundo branco, não existe ética branca, menos ainda inteligência branca. O que existe, numa parte e na outra do mundo, são homens que procuram e aspiram."[119]

A obra de Fanon inscreve-se numa transição do pensamento racial, que lançava fora do navio os clichês anacrônicos do "racismo científico", mas se reciclava a partir da genética e permanecia hostil à ideia de miscigenação. "No plano das ideias, estamos de acordo: o negro é um ser humano. (...) Mas, sobre certas questões, o branco continua intratável. A preço nenhum, ele quer a intimidade entre as raças (...). No início da história que outros fizeram para mim, colocou-se em destaque o fundamento da antropofagia (...). Descrevem, nos meus cromossomos, alguns genes mais ou menos espessos representativos do canibalismo. Ao lado dos 'ligados ao sexo', descobrem os 'ligados

[117] FANON, Frantz. *Peau noire, masques blancs.* Op. cit., p. 44.
[118] FANON, Frantz. *Peau noire, masques blancs.* Op. cit., p. 201.
[119] FANON, Frantz. *Peau noire, masques blancs.* Op. cit., p. 226.

à raça'. Uma vergonha, essa ciência!".[120] No ano da publicação do *Pele negra, máscaras brancas*, Fanon casou com a francesa branca Marie-Josephe ("Josie") Duble, uma jornalista que compartilhava suas convicções anticolonialistas. Da união, nasceu o segundo filho de Fanon, Olivier (a primeira, Mireille, surgira de um relacionamento anterior, também com uma branca).

Apesar da amplitude do cenário, Fanon circunscreveu deliberadamente sua obra ao estatuto de "estudo clínico". As estruturas sociais criavam as condições para a neurose, mas não explicavam, por si mesmas, sua deflagração e evolução. "O destino do neurótico permanece em suas próprias mãos", enfatizou, explicando que o reconhecimento da neurose seria uma condição indispensável, ainda que não suficiente, para superá-la.[121] A superação completa, pensava Fanon, exigia o engajamento do indivíduo na luta contra a situação colonial.

No hospital de Blida, onde tinha um posto dirigente, Fanon introduziu reformas importantes, aplicando métodos de socioterapia no tratamento de pacientes. Contudo, permaneceu basicamente fiel aos paradigmas clássicos da psiquiatria de sua época. Embora levasse em conta a moldura social e cultural dos distúrbios psiquiátricos, continuou a interpretá-los a partir de suas raízes biológicas. Em 1959, já completamente imerso na revolução argelina, Fanon conduzia, com um colega, testes clínicos sobre o uso de meprobamato, a primeira droga psicotrópica de grande sucesso na história.

"UM MUNDO MANIQUEÍSTA"

O primeiro artigo de Fanon, publicado meses antes de *Pele negra, máscaras brancas*, foi um tiro certeiro nas inclinações racistas da psiquiatria francesa da época. Seu tema era a "Síndrome da África do Norte", rótulo usado por médicos de Lyon como diagnóstico para

---

[120] FANON, Frantz. *Peau noire, masques blancs*. Op. cit., p. 128.
[121] FANON, Frantz. *Peau noire, masques blancs*. Op. cit., p. 32.

dores abdominais agudas que atingiam pobres imigrantes desempregados norte-africanos. As dores lancinantes, que não tinham causa evidente, desapareciam e ressurgiam ao longo de dias ou semanas. Na falta de uma fonte fisiológica, os médicos concluíram que se tratava de um mal puramente imaginário ou de simples simulação. Sardônico, Fanon registrou que a "descoberta" de uma nova síndrome decorria não da aplicação de métodos clínicos, mas de uma "tradição oral". Os pacientes, explicou, não imaginavam nem simulavam, mas sentiam no corpo as consequências de circunstâncias sociais que ameaçavam sua afetividade e sua pertinência a uma comunidade.

No alvorecer do primeiro dia de novembro de 1954, guerrilheiros da FLN atacaram postos militares e policiais franceses em diferentes lugares, além de colonos civis, deflagrando a Guerra da Argélia. Seis meses antes, na Batalha de Dien Bien Phu, a França sofrera uma derrota humilhante e decisiva na Indochina – e, como resultado, assinara em julho os Acordos de Genebra, que puseram fim ao domínio colonial sobre o Vietnã, o Laos e o Camboja. O levante argelino, estimulado pelos eventos no sudeste asiático, representaria o golpe de morte no Império Francês.

Antes de se unir à FLN, Fanon já tratava de guerrilheiros que eram levados clandestinamente ao hospital de Blida com neuroses de batalha ou após interrogatórios e torturas nas agências de segurança do governo colonial. O contato formal, porém, deu-se em 1955, por intermédio do médico argelino Pierre Chaulet, que colaborava secretamente com a FLN desde o início das hostilidades. No ano seguinte, Fanon apresentou sua carta de renúncia ao posto de chefe de serviço do hospital, um documento político de denúncia do colonialismo e de seus métodos de repressão. O governo respondeu dando-lhe dois dias para sair da Argélia.

Na etapa seguinte, o psiquiatra deu lugar ao militante revolucionário. Fanon estabeleceu-se em Túnis (Tunísia), onde a FLN tinha seu quartel-general, passou a editar o *El Moudjahid*, jornal da organização, e tornou-se um dos principais porta-vozes da revolução argelina.

Contudo, ele não abandonou a profissão, continuando a clinicar em hospitais tunisianos e centros de saúde da FLN, bem como a escrever artigos sobre psiquiatria. No Hospital Psiquiátrico de Manouba, com o apoio de jovens médicos e enfermeiras, ele eliminou as celas, enfermarias fechadas e camisas-de-força de seu pavilhão, mas enfrentou a resistência do diretor-geral, que se opunha a reformas mais amplas. No conflito, o diretor tentou desacreditá-lo, acusando-o de ser um sionista e um agente de Israel, crimes que estariam comprovados em textos do psiquiatra de crítica ao antisemitismo.

Em Túnis, Fanon começou a se distanciar das abordagens de Tosquelles sobre a terapia institucional. Num artigo publicado em 1957, pela primeira vez, criticou explicitamente os pontos de vista do mentor catalão e questionou a hospitalização psiquiátrica. Na unidade neuropsiquiátrica do Hospital Charles Nicolle, com o respaldo do ministro da Saúde, Fanon introduziu a hospitalização por um dia, uma experiência que, entre os países africanos, só tinha paralelo na Nigéria. Uma equipe de pacientes foi convidada a derrubar as celas de internação e a remover as tradicionais camisas de força e algemas. O time de funcionários acostumado a encarar os pacientes como inimigos foi substituído. Sozinhos, ou acompanhados de parentes, os pacientes internavam-se de manhã e retornavam para suas casas no final da tarde. Mesmo assim, ao lado da psicoterapia e de terapias de relaxamento, continuaram a ser utilizados métodos típicos da época, hoje suprimidos, como terapias de eletrochoque.

No artigo de descrição da experiência no Charles Nicolle, Fanon fez uma defesa apaixonada da hospitalização diária. O texto antecipava críticas à psiquiatria tradicional que, pouco mais tarde, se tornariam corriqueiras. "Deve-se sempre recordar que, com a terapia institucional, criamos instituições congeladas, regras estritas e rígidas, esquemas que logo se tornam estereotipados. Na neossociedade, não existe invenção, dinamismo criativo ou novidade. (...) É por isso que acreditamos hoje que o meio genuíno para a socioterapia é a própria sociedade existente." A natureza efêmera da hospitalização evitava a

154

cristalização da "neossociedade" dos asilos psiquiátricos, permitindo a manutenção das interações sociais dos pacientes e de sua autoestima.

O método gerava um "sentido de normalidade" nas relações médico-paciente, propiciando encontros entre "duas pessoas livres", ao invés da submissão de doentes às vontades de doutores todo-poderosos.[122] Durante a longa guerra de libertação, Fanon percorreu em segredo a vasta região oriental argelina da Kabila, estudando a cultura dos berberes e visitando a base da FLN no resort de esqui de Chréa, encravado entre as montanhas do Atlas. Também serviu como embaixador em Gana do governo no exílio da FLN, participando de conferências anti-imperialistas em diversas cidades africanas.

Fanon não seria Fanon sem *Os condenados da Terra*, intitulado a partir das palavras do primeiro verso do hino "A Internacional", escrito em 1871 por Eugène Pottier, um revolucionário da Comuna de Paris. Com apenas 250 páginas, o livro foi inicialmente censurado na França, convertendo-se em best-seller e ganhando edições traduzidas em quase todo o mundo. Na introdução à edição original francesa de 1961, o filósofo Jean-Paul Sartre, um antigo interlocutor de Fanon, dirigiu os holofotes exclusivamente para o capítulo de abertura, que faz uma defesa da violência nas lutas anticoloniais. O texto introdutório, formulado como celebração da obra, produziu efeitos redutores de longo alcance e gerou um estereótipo indelével.

Em *Pele negra, máscaras brancas*, Fanon já defendia profundas mudanças sociais, mas expressava uma crença inabalável na eficácia da Razão. A sua missão era persuadir pela palavra, convencer pelo argumento, vencer pela força da inteligência. "Eu pretendo, seriamente, persuadir meu irmão, negro ou branco, a rasgar com todo o seu vigor o manto deplorável tecido por séculos de incompreensão".[123] A Argélia transformou esse ponto de vista. A brutal opressão dos "nativos", o racismo triunfante e arrogante, a prática sistemática da tortura filtra-

---

[122] BULHAN, Hussein Abdilahi. *Frantz Fanon and the psychology of oppression*. Nova York: Plenum Press, 1985, p. 247.

[123] FANON, Frantz. *Peau noire, masques blancs*. Op. cit., p. 34.

ram-se na consciência de Fanon, inspirando uma teoria sobre a violência catártica e libertadora. A violência, sumo do estatuto colonial, torna-se um traço crucial da consciência dos colonizados e uma ferramenta indispensável da luta anticolonial:

> *Nos países capitalistas, uma multidão de professores de moral, conselheiros e "desorientadores" separam os explorados daqueles no poder. Nos países coloniais, pelo contrário, o policial e o soldado, pela sua presença imediata e sua ação frequente e direta mantêm contato com o nativo e o aconselha, por intermédio de coronhadas e napalm, a não ceder. É óbvio, aqui, que os agentes do governo usam a linguagem da pura força. O intermediário não alivia a opressão nem procura ocultar a dominação; (...) ele é o portador da violência até o lar e a consciência do nativo.*[124]

"O mundo colonial é um mundo maniqueísta", insistiu Fanon, explicando que a reivindicação de independência não convidava a "uma confrontação racional de pontos de vista" nem era um "tratado sobre o universal", mas "a afirmação desordenada de uma ideia original apresentada como um absoluto".[125] Nada disso, porém, significava que Fanon defendia a expulsão sumária da minoria de origem europeia de uma Argélia independente. A sua fúria, explícita, dirigia-se não apenas contra o governo colonial mas, especialmente, contra os "liberais" que, antes mesmo de qualquer negociação, propunham a instituição de uma cidadania dupla, francesa e argelina, para os *pieds-noir*, isto é, os colonos da Argélia. Essa traição quase declarada do princípio do "direito da terra", essa afirmação abertamente racista de um "direito do sangue", figurava como prova de uma violência singular e irremediável.

Paralelamente à transição da crença na persuasão para a crença na violência libertadora, o capítulo de abertura refletia uma outra transição, que não é mencionada na introdução de Sartre. Em *Pele negra,*

---

[124] FANON, Frantz. *The wretched of the Earth*. Nova York: Grove Press, 1963, p. 38.
[125] FANON, Frantz. *The wretched of the Earth*. Op. cit., p. 41.

máscaras brancas, assim como em seus artigos sobre psiquiatria, Fanon celebrou o indivíduo – isto é, a autonomia do pensamento e a liberdade de reflexão intelectual. Contudo, em dois parágrafos amargos de *Os condenados da Terra*, Fanon rendeu-se a uma celebração exaltada da "coletividade" e pregou o "retorno" do intelectual nativo "ao povo" para "descobrir a substância das assembleias de povoado", "a coesão dos comitês populares" e as raízes culturais africanas da "autocrítica comunitária".[126] Essa linguagem, de nítida inspiração stalinista, copiada quase diretamente dos textos oficiais da FLN, era o tributo de um revolucionário libertário às suas circunstâncias e ao seu tempo histórico. Mesmo assim, representava uma renúncia crucial, condenando sua obra mais divulgada a servir de instrumento para fins estranhos a seus valores.

NOS BRAÇOS DA CIA?

No terceiro ano da Guerra da Argélia, mais de 400 mil soldados franceses já haviam sido enviados para a colônia. Nos três anos seguintes, quase dois milhões de argelinos foram removidos compulsoriamente de seus povoados nas regiões montanhosas e transferidos para a planície litorânea. Em 1958, a guerra colonial provocou o colapso da Quarta República francesa e o retorno de Charles De Gaulle ao poder. Em setembro do ano seguinte, apesar dos triunfos franceses no campo de batalha, De Gaulle usou a expressão "autodeterminação". Depois, enfrentou e derrotou uma tentativa de golpe articulada por altos oficiais militares e abriu negociações com a FLN.

A guerra terminou em 1962, deixando um saldo de mortos de 25 mil militares franceses, 3 mil colonos civis e 700 mil argelinos. Contudo, na linguagem oficial da França, conservada até 1999, não existiu uma guerra na Argélia, mas apenas "eventos", "operações policiais", "ações de contraterrorismo" e "operações de manutenção da ordem". A guerra sem nome, assim como o governo colaboracionista de Vichy,

---

[126] FANON, Frantz. *The wretched of the Earth*. Op. cit., p. 47-48.

sedimentou-se na forma de *un passé qui ne passe pas'* – isto é, um passado que se recusa a passar e, inconveniente, assombra o presente. Fanon não viveu para testemunhar a independência argelina. Contudo, ele não morreu em combate, nem na Argélia, mas em Bethesda, Maryland, em dezembro de 1961. Vítima de uma leucemia, o arauto da violência libertadora dos "condenados da Terra" fora transferido da Tunísia para os Estados Unidos pela CIA, para que pudesse receber cuidados hospitalares apropriados. A agência de inteligência americana organizou, também, o retorno do corpo do revolucionário terceiro-mundista, que foi velado na Tunísia e enterrado pela FLN, com honras militares, a 600 metros da fronteira tunisiana.

A história da morte de Fanon começa em janeiro de 1960, quando ele escreveu um artigo celebrando as manifestações independentistas na Martinica e Guadalupe – e, sonhando participar de uma revolução anticolonial nas Antilhas francesas, solicitou à FLN sua nomeação como embaixador em Cuba. Fidel Castro estava no poder havia um ano e, diante da óbvia impossibilidade de obter um visto de residência nos departamentos ultramarinos franceses, Havana parecia-lhe um trampolim perfeito. Logo depois, porém, durante uma extensa viagem pelo Mali destinada a assegurar rotas de suprimento para a FLN, ele se sentiu mal e, relutante, aceitou submeter-se a exames. Câncer das células brancas do sangue foi o diagnóstico. Transfusões de sangue poderiam retardar o desenlace; no estágio final, drogas aliviariam as dores.

A FLN não dispunha de recursos apropriados para o tratamento. Fanon viajou, então, para Moscou, ficou sabendo que lhe restavam poucos meses de vida e foi aconselhado a descansar. Em vez disso, visitou hospitais psiquiátricos soviéticos, onde reencontrou as camisas de força e celas-prisões dos tempos de Blida, retornou a Túnis, onde ditou o texto de *Os condenados da Terra*, e deslocou-se penosamente até Ghardimao, na fronteira argelina, para proferir palestras a guerrilheiros em treinamento. Além disso, na primavera de 1961, encontrou-se pela última vez com Sartre e Simone de Beauvoir, em Roma, e pediu ao filósofo que escrevesse o prefácio de sua obra.

Os médicos soviéticos haviam lhe sugerido procurar tratamento em Bethesda, um centro de referência mundial em leucemia. Fanon recusou-se a pedir ajuda a uma "nação de linchadores".[127] Há indícios de que, casado com uma mulher branca, ele tinha em mente a motivação principal dos linchamentos racistas no sul dos Estados Unidos: a violação das leis antimiscigenação. Contudo, em circunstâncias que permanecem misteriosas, mudou bruscamente de ideia e, auxiliado por camaradas da direção da FLN, estabeleceu o contato com a embaixada americana em Túnis que propiciou a internação.

Os Estados Unidos começavam a enviar assessores militares ao Vetnã do Sul, assumindo um lugar que coubera, antes, à França. Fanon, um inimigo dos franceses, só poderia ser tratado nos Estados Unidos sob estrito sigilo. A CIA tinha um óbvio interesse nas informações do paciente sobre a FLN – que, como já era evidente, logo governaria a Argélia. O paciente, que possivelmente se apegava à miragem de algum miraculoso tratamento, talvez estivesse convencido de sua própria maestria na arte de iludir amistosos interrogadores. Não sabemos, só podemos especular.

De qualquer modo, "Ibrahim Fanon", identidade sob a qual viajou, preencheu uma ficha no Dupont Plaza Hotel, em Washington, em 3 de outubro de 1961, foi admitido no Centro Clínico de Bethesda uma semana depois e morreu em 6 de dezembro. Ollie Iselin, o agente da CIA encarregado do caso, visitou o paciente todos os dias. Ele conversava afetuosamente com Fanon e cumpria a tarefa de levar Josie e o filho Olivier ao hospital. O agente acompanhou o retorno do corpo a Túnis, a bordo de um Lockheed Electra II, compareceu ao velório e participou da cerimônia fúnebre, nos arredores de Ghardimao, mas do outro lado da fronteira. A presença de Iselin está registrada numa foto do evento publicada pelo semanário *Jeune Afrique*.

---

[127] GORDON, Lewis R. "Final year for a life well lived: a requiem for Frantz Fanon". Frantz Fanon Foundation, 2011, p. 12. http://frantzfanonfoundation-fondationfrantzfanon.com/wp-content/uploads/2011/10/Gordon-Fanon-in_Gibson_volume.pdf

Por aqueles dias, a polícia francesa confiscou centenas de exemplares de *Os condenados da Terra* no estoque da editora, sob a alegação de que representavam uma ameaça à segurança nacional. "Você pode estar morto, mas sua memória seguirá viva e será sempre evocada como um dos mais nobres vultos de nossa Revolução", disse Belkacem Krim, vice-presidente do governo provisório, diante do túmulo.[128] Em 1965, os restos mortais foram transferidos para um cemitério de mártires da luta anticolonial na remota aldeia de Ain Kerma, no leste da Argélia. Depois do suicídio de sua mãe, em 1989, Olivier solicitou que os restos mortais de Fanon fossem colocados junto aos dela, em Argel. As autoridades locais de Ain Kerma protestaram, exigindo que o mártir permanecesse em seu lugar, e o governo argelino recusou o pedido.

Os livros escolares da Argélia contêm imagens e curtas biografias dos vultos da Revolução, mas Fanon não está entre eles. A memória e o esquecimento sempre fazem sentido. A história oficial da Revolução Argelina assevera que o único herói anticolonial é o povo, uma narrativa eficaz para ocultar a trajetória de sangrentos cismas internos da FLN. O mulato da Martinica, psiquiatra francês e revolucionário agnóstico não se encaixa adequadamente nos mitos identitários árabe-islâmicos elaborados desde a guerra de independência. E, de mais a mais, existe o parágrafo sobre a CIA, com suas intrigantes lacunas...

---

[128] MACEY, David. "'Frantz Fanon': First Chapter". *The New York Times*, 2 de setembro de 2001. http://www.nytimes.com/2001/09/02/books/chapters/02-1stmacey.html?pagewanted=1

6

CHEGOU A VEZ DO ISLÃ!

Sayyid Qutb, arauto da jihad (1906-1966)

Dois anos e meio foram suficientes. No trajeto de ida, uma mulher bêbada insinuou-se, tocando-o despudoradamente. Ele resistiu e a afastou. Cada uma das experiências seguintes revelou-lhe um mundo abominável. Descobriu, definitivamente, que odiava tudo aquilo. Antes de voltar, concluiu que o Islã não era apenas o Livro, mas o único antídoto contra a degradação da vida humana. Quando pisou de novo no Egito, Sayyid Qutb tinha o fogo nos olhos. A fé não bastava. A humanidade precisava da jihad.

Jihad, no Corão, significa em primeiro lugar o esforço interior do fiel (*mujahideen*) para viver de acordo com o exemplo do Profeta. Em segundo lugar, significa a guerra santa contra o infiel que ameaça a comunidade islâmica e remete à conquista de Meca por Maomé, à frente de cerca de 10 mil homens, no ano de 630. Na qualidade de funcionário do Ministério da Instrução Pública egípcio, Qutb viajou para conhecer o sistema educacional dos Estados Unidos em 1948. Passou a maior parte do tempo na Universidade do Norte do Colorado, mas também esteve em Washington e Stanford. Da experiência, extraiu a lição de que os dois significados da jihad são indissociáveis: o *mujahideen* deveria combater o Ocidente por todos os meios e derramar sangue em defesa da fé verdadeira.

De volta, escreveu um ensaio sobre a sociedade americana. O sexo – ou melhor, a aversão ao sexo – é o tema mais aparente no texto. Ele descreveu as igrejas cristãs como "centros de entretenimento e praças de recreio sexual".[129] Classificou o jazz como "a música que selvagens colonos criaram para satisfazer seus desejos primitivos, o desejo por barulho, de um lado, e a abundância de sons animais, de outro" e deplorou a atitude das jovens, que sabem que "o poder da sedução está nos seios redondos, nas nádegas cheias, nas coxas bem torneadas e nas pernas elegantes" e nada fazem para esconder tais atributos.[130]

Contudo, aqueles seriam apenas sintomas de um mal mais profundo: o progresso, o culto da ciência e do consumo, representariam de fato uma regressão bárbara capaz de contaminar a humanidade inteira. Qual é o valor dos Estados Unidos medido na escala dos valores da humanidade? Nenhum, respondeu Qutb. Quanto os Estados Unidos agregam para o tesouro moral da humanidade? Nada, respondeu Qutb, a nação mais poderosa do mundo não passava de um oceano de vulgaridade. O problema, porém, estava no irresistível poder de atração daquela sociedade materialista, que se apresentava como a imagem perfeita do futuro. O próprio Qutb resistira às investidas das mulheres perdidas, mas resistiriam os povos muçulmanos ao avanço dos exércitos da promiscuidade?

Civilização, pensava Qutb, é um conceito associado à esfera das verdades universais e dos valores morais. A trajetória humana parecia-lhe descrever um arco, com o zênite marcado pelas conquistas medievais muçulmanas. A Revolução Científica, a Revolução Industrial e o imperialismo ocidental pontuariam uma extensa decadência, cujo fruto acabado era a república depravada da América do Norte. A Europa cristã tinha, pelo menos, raízes fundas no solo do passado. Os Estados Unidos, pelo contrário, nasceram pelas mãos de "bandos de aventureiros e criminosos" que, sem tempo para a reflexão, a religião, a arte e o espírito, domaram a natureza, apropriaram-se das vastas terras virgens do Novo Mundo e fabricaram um país carente de virtudes

---

[129] IRWIN, Robert. "Is this the man who inspired Bin Laden?". *The Guardian*, 1 de novembro de 2001. http://www.theguardian.com/world/2001/nov/01/afghanistan.terrorism3

[130] QUTB, Sayyid. "The America I have seen" (1951). Kashf ul Shubuhat Publications, p. 16-18. http://www.bandung2.co.uk/books/Files/Education/The%20America%20I%20Have%20Seen%20-%20Sayyid%20Qutb.pdf

legítimas.[131] Face à energia pervertida da grande potência, só a fortaleza moral do Islã poderia salvar a humanidade da catástrofe.

Durante a maior parte de sua estadia, Qutb ficou em Greeley, uma pequena cidade provinciana do Colorado, rodeada por plantações irrigadas, com ruas pontilhadas de igrejas e sem nenhum bar, onde se "morreria de tédio em menos de cinco horas".[132] Mas o egípcio não tinha um interesse genuíno pelos fatos – e viu exatamente aquilo que imaginava. A visita deveria durar mais, mas ele preferiu encurtá-la, retornando pouco depois do assassinato de Hassan al-Banna, o fundador da Irmandade Muçulmana. No Egito, juntou-se à organização islâmica, da qual se tornaria um destacado dirigente. Os livros e ensaios que escreveria mais tarde, desenvolvendo as ideias contidas no texto sobre a viagem, formaram a nascente ideológica de Osama Bin Laden e do jihadismo contemporâneo.

NO RUMO DA IRMANDADE

Qutb nasceu em 1906, no povoado de Musha, às margens do rio Nilo, quase 400 quilômetros ao sul do Cairo. Nominalmente, o Egito era uma província do Império Turco-Otomano mas, de fato, constituía um protetorado britânico. Na casa de seu pai, um proprietário de terra relativamente próspero, realizavam-se encontros semanais de discussão política e recitação do Corão. O garoto aprendeu cedo a recitar longos versos do Livro, enquanto a Grande Guerra encerrava a subordinação formal do país à dinastia otomana. Segundo uma narrativa fundamentalista, possivelmente lendária, aos oito anos de idade Qutb decidiu decorar um terço do Corão a cada ano – e, com onze, já sabia todo o Livro, linha por linha.

Na hora da eclosão da guerra na Europa, os britânicos substituíram o *khediva* (governador provincial) por um sultão, transformando oficialmente o Egito em protetorado. Os nacionalistas egípcios sonha-

---

[131] QUTB, Sayyid. "The America I have seen" (1951). Op. cit., p. 5.

[132] DREHLE, David Von. "A lesson in hate". *Smithsonian*, fevereiro de 2006. http://www.smithsonianmag.com/history-archaeology/presence-feb06.html

ram com a independência e, em março de 1919, eclodiu um levante popular, que se alongou por meses de manifestações. Oito centenas de mortos depois, a revolta estava esmagada. A turbulência política retardou a transferência de Qutb para o Cairo, onde cursaria o ensino médio. Mas, em 1920, o adolescente chegou à residência de um tio, na capital.

O Egito alcançou uma independência puramente formal em 1922. Os britânicos conservaram o controle direto do Canal de Suez e, por meio de um tratado de aliança, fizeram-se responsáveis pela proteção do reino. A morte do pai de Qutb, em 1926, foi seguida pela transferência de sua mãe para o Cairo, onde moraria com ele. As duas irmãs mais novas e o irmão Muhammad, de apenas sete anos, também compartilhavam a casa. Em 1928, quando o jovem se preparava para ingressar numa faculdade de letras e pedagogia, o mestre-escola al-Banna criou a Irmandade Muçulmana.

Al-Banna era um modesto imã, ou seja, um estudioso do Corão que conduz as orações. Contudo, sob a influência do hanbalismo, uma corrente islâmica puritana de origens medievais, o imã pretendia reunir as associações religiosas numa organização política. Num discurso aos aderentes, ele traçou o rumo:

> Vocês não são uma sociedade beneficente, nem um partido político, nem uma organização local de fins limitados. Ao contrário, são uma nova alma no coração desta nação, para dar-lhe vida através do Corão (...). Quando lhes perguntarem para o que convocam, respondam que é para o Islã, a mensagem de Maomé, a religião que contém dentro de si governo, e tem como uma de suas principais obrigações a liberdade. Se lhes disserem que vocês são políticos, respondam que o Islã não admite essa distinção.[133]

O fundador da Irmandade sonhava com um mundo convertido ao Islã, mas rejeitava a ideia de restauração do califado, abolido junto com o Império Turco-Otomano. O seu nacionalismo, islâmico e

---

[133] HOURANI, Albert. *Uma história dos povos árabes*. São Paulo: Companhia das Letras, 1994, p. 350.

anticolonialista, almejava um Estado forte, voltado para a promoção da educação e do bem-estar da comunidade. No início, sua organização concentrava-se em trabalhos sociais com os pobres, na educação e na criação de centros de saúde. Mas al-Banna também implantou uma editora e impulsionou a publicação de jornais consagrados à discussão do futuro do Egito.

Na faculdade, Qutb leu sobre a civilização ocidental, o materialismo e o socialismo. Bem depois, segundo um texto fundamentalista anônimo, recordou aquele período como um tempo de dilacerante confusão interior. Falando de si mesmo na terceira pessoa, como se contasse a vida de alguém já falecido, escreveu num poema: "Ele chorava frequentemente, gritava e desejava que a morte o libertasse de toda aquela dor e contradição. Ele perdeu toda a paz e tranquilidade em sua vida."[134] Um homem pálido e de aparência tristonha, Qutb jamais casou. Certa vez, explicou a opção pelo celibato como o resultado de nunca ter encontrado uma mulher suficiente pura para ser sua esposa.

Não existem indícios de que Qutb tenha sido atraído pela Irmandade até 1939, quando recebeu seu diploma de professor de língua árabe e obteve o emprego no Ministério da Instrução Pública. Nos anos seguintes, enquanto o Egito servia de base para as forças britânicas que lutavam contra os alemães, Qutb conciliou o trabalho burocrático com uma carreira de escritor e crítico literário. Nesse período, ele publicou artigos elogiosos sobre as primeiras obras Naguib Mahfouz, um escritor que plantava as sementes da modernidade na literatura egípcia. Mais tarde, ironicamente, Mahfouz se destacaria como um adversário feroz do fundamentalismo islâmico.

A Irmandade cresceu fazendo campanhas de apoio à rebelião árabe no Mandato Britânico da Palestina e denunciando o sionismo como uma expressão do imperialismo europeu. Nos anos da guerra mundial, a organização estabeleceu contatos secretos com a inteligência alemã e sua editora publicou traduções árabes do *Mein Kampf*, de

---

[134] ANÔNIMO. *The lives of Hasan al Banna & Syed Qutb*, p. 17. http://pt.scribd.com/doc/24877498/The-Lives-of-Hasan-Al-Banna-and-Syed-Qutb

Hitler, e dos *Protocolos dos Sábios do Sião*, a antiga falsificação antissemita oriunda da polícia política da Rússia czarista. O partido de al-Banna tornara-se a maior corrente oposicionista do país, mas as fraudes eleitorais barravam sua entrada no parlamento. A julgar por textos escritos no fim da guerra, Qutb inclinava-se na direção da Irmandade.

As quatro aparições e *Imagens artísticas no Corão*, publicados em 1945, são os indícios pioneiros de sua atração pelo fundamentalismo islâmico.[135] Mas a evidência mais nítida apareceu durante a estadia nos Estados Unidos, com a publicação de seu livro *A justiça social no Islã*, cujo argumento conduzia à ideia de que só um Estado baseado nas regras da religião poderia oferecer uma justiça social genuína. Segundo Qutb, "todos os atos humanos podiam ser vistos como atos de adoração" e "o homem só seria livre se fosse libertado da sujeição a todos os poderes, exceto o de Deus: do poder dos sacerdotes, do medo, e da dominação de valores sociais, desejos e apetites humanos".[136]

Na volta da viagem, Qutb aderiu à Irmandade, renunciando a seus cargos públicos de professor e inspetor escolar. Al-Banna fora assassinado em 1949, o que produziu um vácuo de liderança na organização. Imediatamente, Qutb assumiu o comando editorial do semanário da Irmandade, convertendo-se em um de seus mais notórios porta-vozes.

CONTRA A *JAHILIYYAH*

A história do Egito tomou um novo rumo em julho de 1952, quando o Movimento dos Oficiais Livres, sob a liderança de Gamal Abdel Nasser, derrubou a monarquia. O grupo de conspiradores, da média oficialidade militar, havia estabelecido contatos prévios com a

---

[135] AKHAVI, Shahrough. "Sayyid Qutb: the poverty os philosophy and the vindication of islamic tradition". IN: MARDIN, Serif (Ed.). *Cultural transitions in the Middle East*. Leiden: Brill, 1993, p. 131.

[136] HOURANI, Albert. *Uma história dos povos árabes*. São Paulo: Companhia das Letras, 1994, p. 401.

Irmandade, que declarou seu apoio à chamada Revolução Nacional. Existem indícios de que, após o golpe, Nasser reuniu-se com Qutb para oferecer-lhe algum alto cargo ministerial. Contudo, a incipiente colaboração cessou no início de 1953, quando o novo regime decidiu banir os partidos políticos. O decreto inicial, que preparava o cenário para a instituição de um sistema de partido único, fazia exceção apenas para a própria Irmandade, o que evidencia o interesse de Nasser em impedir uma ruptura completa com a organização.

Antes da guerra mundial, e contra a vontade de al-Banna, surgira uma ala militar secreta da Irmandade. No dia 26 de outubro de 1954, durante um comício em Alexandria de celebração da retirada das forças britânicas do país, um integrante da ala militar disparou vários tiros na direção de Nasser, mas errou o alvo. O atentado provocou uma onda de repressão, marco do enrijecimento autoritário do regime, e traçou uma fronteira entre o regime pan-arabista e o movimento islâmico. Milhares de oposicionistas – islâmicos, comunistas e liberais – foram presos. Qutb estava entre eles e, ao lado de outros sete dirigentes da Irmandade, ouviu o veredicto que os condenava à morte. A sua sentença, porém, foi comutada para prisão perpétua. Na cadeia, após uma temporada de torturas, ele desvencilhou-se das nuances ideológicas remanescentes, consagrando-se a elaborar a doutrina de uma nova jihad.

Não há um Qutb, mas dois. O funcionário público modernizador imaginava conciliar o Islã com a filosofia política, as leis e os modelos de administração ocidentais. O revolucionário da Irmandade, pelo contrário, traçava uma fronteira absoluta entre a tradição islâmica e o Ocidente. Esse revolucionário que surgiu no imediato pós-guerra e sistematizou suas ideias no cárcere era, de fato, um restaurador. Ele acusava a degradação das sociedades muçulmanas, que se teriam afastado do "verdadeiro Islã", e sonhava com a recuperação de um glorioso passado mítico no qual religião e política eram indissociáveis.

O prestígio de Nasser alcançou seu apogeu em 1956, com a nacionalização do Canal de Suez e o conflito subsequente, encerrado pela retirada das forças expedicionárias de Israel, da Grã-Bretanha e da França. O presidente egípcio emergiu da crise militar cercado pela aura de líder dos povos árabes e, dois anos depois, anunciou a união do Egito com a Síria, na República Árabe Unida, que teria vida efêmera. Durante a década de prisão de Qutb, a Irmandade conheceu implacável repressão. Milhares de ativistas foram processados, centenas passaram longas temporadas no cárcere ou em campos de concentração, muitos deles experimentaram torturas.

Sob Nasser, o Egito modernizou-se rapidamente por meio da transferência de recursos da antiga elite fundiária para o Estado, o que propiciou pesados investimentos na indústria, na geração de energia e nas forças armadas. Uma reforma agrária, acompanhada pela expansão das terras de cultivo irrigado, estendeu a base social de apoio ao regime, que passou a contar com a simpatia dos camponeses. Surgiu uma nova elite, constituída pela oficialidade militar, que se alicerçava sobre as indústrias estatais controladas pelas forças armadas. Na clandestinidade, formaram-se novas lideranças da Irmandade, que se dividiam diante das perspectivas da luta armada, com o recurso a atos de terror, e de uma longa campanha de resistência pacífica contra o regime.

No cárcere, o mais célebre prisioneiro da organização islâmica escreveu duas obras. *À sombra do Corão*, um comentário detalhado do livro sagrado em 30 volumes, procura demonstrar a atualidade dos preceitos originais do Islã. Nela, Qutb delineia os contornos de uma sociedade muçulmana igualitária e governada com base na consulta e no consenso. Ele defende o estabelecimento de um regime baseado na palavra de Deus, mas critica a noção de teocracia, argumentando que o poder não deve ser exercido por um grupo particular de pessoas. A segunda obra, *Milestones (Sinalizações na estrada)*, de apenas 160 páginas, é um manifesto jihadista que se converteu em best-seller instantâneo. Mesmo "repetitivo, banal, carente de inspiração e intelectuamente ofensivo", como o qualificou o marxista Tariq Ali, o livro ocupa um lugar central na estante dos grupos islamitas radicais.[137]

---

[137] ELDEN, Stuart. *Terror and territory: the spatial extent of sovereignty*. Minneapolis: University of Minnesota Press, 2009, p. 37.

170

O ponto de partida de *Milestones* é a inexistência da *umma*, ou seja, da comunidade muçulmana. A *umma*, sustenta Qutb, desapareceu séculos atrás, junto com a dissolução dos sistemas políticos e jurídicos baseados na Sharia (lei islâmica). Existem, evidentemente, muçulmanos, mas eles vivem na *Jahiliyyah*, a escuridão da ignorância pré-islâmica: "Estamos (...) rodeados atualmente pela *Jahiliyyah*, que é da mesma natureza daquela do primeiro período islâmico, talvez um pouco mais profunda. Todo o nosso meio, as crenças e ideias das pessoas, os hábitos e a arte, as regras e leis são *Jahiliyyah* – até o ponto em que aquilo que consideramos ser a cultura islâmica, as fontes islâmicas, a filosofia islâmica e o pensamento islâmico não passam de fabricações da *Jahiliyyah*."[138]

A superação da *Jahiliyyah* exigiria uma ruptura completa dos muçulmanos com as tradições, conceitos e ideias do mundo impuro e uma adesão incondicional à luta pela restauração da *umma*. Os militantes da jihad seguiriam seus líderes com dedicação absoluta, renunciando aos confortos materiais e abdicando de metas individuais. No fim do caminho, as sociedades islâmicas restauradas se separariam totalmente do universo dos infiéis, constituindo uma esfera geopolítica autônoma, "embora possa existir algum intercâmbio com os politeístas nas atividades comerciais e nos negócios cotidianos".[139]

Sob o ponto de vista de Qutb, uma nova liderança islâmica deveria cumprir duas funções simultâneas. De um lado, seria preciso reinfundir o Islã verdadeiro, original, entre os muçulmanos degradados por séculos de ignorância. De outro, tratava-se de organizar a guerra contra os regimes da *Jahiliyyah* no mundo muçulmano e, também, contra seus mestres estrangeiros, cristãos e sobretudo judeus.

Não é possível exagerar o ódio que Qutb nutria em relação aos judeus. Um livro anterior, de 1951, intitulado *Nossa luta contra os judeus*, consagrava diversas passagens à velha lenda dos *Protocolos*

---

[138] QUTB, Sayyid. *Milestones*, capítulo 1. Young Muslims Online Library. http://web.youngmuslims.ca/online_library/books/milestones/hold/chapter_1.htm

[139] QUTB, Sayyid. *Milestones*, capítulo 1. Op. cit.

dos Sábios do Sião e mencionava Karl Marx, Sigmund Freud, Emily Durkheim e Jean-Paul Sartre como exemplos notáveis de judeus diabólicos. Disfarçados nas roupagens de orientalistas, os judeus estariam infiltrados nos países muçulmanos para destruir as famílias e dissolver as sociedades com os ácidos do materialismo e da sexualidade animal. *Milestones* está pontilhado de citações corânicas dirigidas contra os infiéis, isto é, os que contestam a unicidade absoluta de Deus. Para além disso, o livro retomava a ideia da conspiração mundial, acusando os judeus de tentarem assumir o controle das riquezas da humanidade por intermédio de suas instituições financeiras.

A pedido do presidente iraquiano Abdul Salam Arif, Nasser concedeu um indulto a Qutb no final de 1964. Meses antes, *Milestones* ganhara sua primeira edição, que já provocava acesos debates entre as correntes políticas islâmicas no mundo árabe. O livro dirigia-se a uma "vanguarda" muçulmana, a quem atribuía a missão de conduzir os fiéis até a superação da *Jahiliyyah*. Contudo, a jihad não estava limitada aos árabes, mas se estendia ao conjunto da humanidade:

> *Esta religião não é meramente uma declaração de liberdade dos árabes, nem sua mensagem está confinada aos árabes. Ela se dirige a toda a humanidade e sua esfera de ação é o mundo inteiro. Esta religião quer devolver o mundo inteiro a seu Sustentador, libertando-o da servidão a qualquer outro que não Deus. Sob a perspectiva do Islã, a servidão efetiva é seguir leis elaboradas por alguém, pois essa servidão, no Islã, é reservada exclusivamente a Deus.*[140]

A vitória da jihad inauguraria uma nova era na história da humanidade. Ela encerraria um longo ciclo de hegemonia do Ocidente, substituindo uma ordem de valores por outra:

> *A liderança do homem ocidental no mundo humano está agora em declínio, não porque a civilização ocidental esteja em bancarrota material ou tenha*

---

[140] QUTB, Sayyid. *Milestones*, capítulo 9. Op. cit.

perdido sua força econômica ou militar, mas porque a ordem ocidental já cumpriu sua parte, e não mais possui aquele acervo de valores que lhe deu sua predominância (...). O período da revolução científica também chegou ao fim. (...) Todas as ideologias nacionalistas e chauvinistas que surgiram nos tempos modernos e todas as teorias e movimentos derivados delas perderam igualmente a sua vitalidade (...). Chegou a vez do Islã.[141]

O chamado à jihad tinha uma ressonância particular nos países árabes. Os muçulmanos não deveriam reconhecer nenhuma nacionalidade, exceto a "nacionalidade do Islã". De acordo com Qutb, todos os governos de países muçulmanos eram heréticos (*takfir*), pois não se curvavam à Sharia. Daí, decorria que esses países constituíam o Lar da Hostilidade (*Dal-ul-Harb*) – ou seja, teatros de batalha da guerra santa de restauração do Islã verdadeiro.

AS SEMENTES DA AL-QAEDA

Meses depois de sair da cadeia, em agosto de 1965, Qutb foi preso novamente, sob a acusação de organizar um complô para o assassinato de Nasser e a derrubada do regime. Não existia nenhuma conspiração e, num julgamento de fancaria, o promotor fundamentou seu caso sobre passagens extraídas de *Milestones*: o líder radical não estava sendo julgado por suas ações, mas por suas palavras. Qutb declarou-se inocente e sustentou tudo o que escrevera. As cartas, porém, estavam marcadas. A execução, por enforcamento, foi conduzida em 29 de agosto de 1966.

A execução de Qutb concluiu um processo subterrâneo de cisão da Irmandade. Os líderes da organização que permaneceram no Egito entregaram-se a uma sofrida revisão de sua história e, aos poucos, convenceram-se de que um governo baseado no Corão não surgiria pelo recurso à violência, mas por meio da persuasão. De certo modo,

---

[141] QUTB, Sayyd. *Milestones*, Introdução, Op. cit.

o partido islâmico retomava a linha de al-Banna, desistindo da jihad de Qutb. Contudo, a ala jihadista não desaparecera. Junto com outros companheiros perseguidos, Muhammad Qutb, o irmão mais novo do líder executado, exilou-se na Arábia Saudita, onde foi recebido de braços abertos pela monarquia e pela elite religiosa do reino.

A bandeira saudita traz, em branco sobre fundo verde sólido, uma imagem da espada islâmica encimada pela inscrição, em árabe, "Só há um Deus e Maomé é o seu profeta". Ela sintetiza a aliança entre a Casa de Saud, os guerreiros da espada, e a seita Wahabi, os soldados da fé. A Arábia Saudita é o único Estado contemporâneo que nasceu de uma jihad. A guerra santa começou em meados do século XVIII, como fruto da cooperação militar entre o clã de Muhammad ibn Saud e os seguidores de Muhammad ibn Adb-al-Wahab, líder de uma seita islâmica puritana.

Wahab era um seguidor de Ahmed ibn Hanbal, um teólogo do início do século IX que combatia as influências filosóficas modernizantes e racionalistas em voga no Islã do califado de Abu Jafar al-Mamun. O hanbalismo toma como modelos exemplares os "ancestrais pios" (Salafi), isto é, Maomé, seus companheiros e as gerações imediatamente seguintes de muçulmanos. Na visão de Hanbal e Wahab, a pureza do Islã estava contida nessas gerações pioneiras, que legaram uma obra acabada e perfeita. Essa obra, no entanto, teria sido desvirtuada mais tarde, pela adição de influências materialistas. O Estado saudita nasceu sob a égide dessa interpretação literalista do Islã.

O exército do clã Saud tinha, na sua linha de frente, a cavalaria dos temíveis *Ikhwan* ("Irmãos"), fanáticos seguidores de Wahab. A guerra de conquista, com avanços e retrocessos, estendeu aos poucos o poder do clã pela maior parte da península, às expensas de chefes locais. A captura de Riad aconteceu numa noite de lua cheia de janeiro de 1902, a partir do triunfo da cavalaria *Ikhwan* no assalto ao castelo Al Masmak. Em 1926, Abdul Aziz ibn Saud unificou as regiões do Najd e do Hedjaz e, em 1932, proclamou a atual monarquia saudita. Poucos anos depois, jorrou petróleo nos domínios da Casa de Saud.

Abdul Aziz reinou até morrer, em 1953, e depois disso a Arábia Saudita foi governada, sucessivamente, como uma monarquia absolutista, por cinco de seus 36 filhos homens reconhecidos. Na monarquia saudita, a dinastia conserva o poder político e militar, mas a seita Wahabi retém o controle sobre a religião, a justiça, a educação e as comunicações. O Estado teocrático desempenha o papel simbólico crucial de protetor de Meca e Medina, os dois principais lugares santos do Islã. De modo geral, os muçulmanos reconhecem cinco "pilares" do Islã, que são a fé em Deus e a obediência à palavra do profeta, as preces, a caridade, o jejum e a peregrinação a Meca. No Corão saudita, publicado por uma editora estatal, aparece mais um "pilar" – a jihad.

Os sauditas acolheram os exilados egípcios pois eles falavam a língua da seita Wahabi e serviam aos objetivos de política externa do reino. A revolução pan-arabista pregada por Nasser representava uma ameaça latente para a monarquia saudita e os pequenos emirados aliados do Golfo Pérsico. As tensões aumentaram em 1962, quando o Iêmen foi envolvido por uma guerra civil entre monarquistas e republicanos apoiados por Nasser. A crise prolongou-se e forças egípcias entraram no país para sustentar o novo governo republicano, enquanto os sauditas prestaram ajuda aos monarquistas. Nesse período, em oposição ao projeto egípcio da unidade árabe, a Arábia Saudita ergueu a bandeira do Islã e, numa conferência em Meca, o rei Faisal proclamou a Liga Mundial Muçulmana. Em tese, os radicais islâmicos perseguidos por Nasser funcionariam como arautos da política oficial saudita.

Muhammad Qutb divulgou a obra do irmão entre os eruditos Wahabi e lecionou para jovens militantes fundamentalistas. Na plateia de suas conferências públicas semanais na Universidade King Abdul Aziz, em Jeddah, figurava ocasionalmente o jovem saudita Osama Bin Laden. Entre seus alunos, estava o egípcio Ayman al-Zawahiri, então militante exilado da Irmandade Muçulmana e, mais tarde, um dos fundadores do grupo Jihad Islâmica, que promoveu o assassinato do sucessor de Nasser, Anwar Sadat, em 1981. Depois do atentado, al-Zawahiri foi preso e torturado no Egito, refugiou-se brevemente na

Arábia Saudita e seguiu para o exílio no Paquistão. Em 1998, fundiu seu grupo com a Al-Qaeda de Bin Laden. Com a eliminação de Bin Laden por uma operação de comandos americanos, em maio de 2011, al-Zawahiri assumiu a liderança da Al-Qaeda.

No final de 2003, enquanto os Estados Unidos empreendiam uma caçada humana no leste do Afeganistão e nas zonas tribais do Paquistão, Bin Laden encontrava-se escondido, provavelmente, na pequena cidade de Haripur, nos arredores de Islamabad, a capital paquistanesa. Naquele refúgio, o chefe terrorista gravou um videotape que seria remetido à Al Jazeera e veiculado em janeiro de 2004. A mensagem, "Resistam à Nova Roma", continha três indicações de leitura a seus seguidores. Uma delas era o livro *Conceitos que devem ser corrigidos*, de Muhammad Qutb, que explora caminhos de reconciliação do pensamento do irmão com a linha oficial da Irmandade Muçulmana.

O DIVERTIMENTO TERMINOU

Ulrike Marie Meinhof, terrorista (1934-1976)

Ela era bonita, atraente, inteligente. Tinha 35 anos, dois filhos gêmeos de seis anos e percorria a curva ascendente de uma carreira jornalística de esquerda quando desceu à clandestinidade para fundar uma organização devotada ao terror. No filme alemão *Der Baader Meinhof Komplex*, de Uli Edel, Ulrike Meinhof ganha os contornos de um anjo justiceiro. As ideias de pureza e integridade moral compõem o mito de Meinhof, que é objeto de um culto persistente nos círculos restritos da extrema esquerda alemã. As suas colunas na revista *konkret* eram assinadas pelo nome inteiro: Ulrike Marie Meinhof. O nome do meio desapareceu quando ela se converteu em autora de proclamações terroristas.

"Hitler dentro de você" é o título de um artigo dela que apareceu na *konkret*, revista alemã de política e cultura, em 1961. Partindo do julgamento do criminoso de guerra Adolf Eichmann em Jerusalém, a colunista traçava um paralelo impertinente entre Hitler e Franz Josef Strauss, então ministro da Defesa e líder do partido conservador União Social Cristã (CSU). Provocativamente, ela profetizava que a sua geração seria, um dia, questionada sobre Strauss da mesma forma como indagara sobre a responsabilidade de seus pais na ascensão do *Führer*. Nada daquilo fazia sentido e Strauss foi aos tribunais contra Meinhof. Contudo, o advogado da jornalista argumentou que o texto não identificava realmente Strauss ao nazismo – e os juízes a absolveram.

Strauss não aturava o jornalismo independente mas, exatamente por isso e numa dessas supremas ironias da história, desempenhou papel instrumental na consolidação da liberdade de imprensa na Alemanha. O caso começou em outubro de 1962 com a revelação, pela revista *Der Spiegel*, o principal semanário político do país, de que a OTAN classificara como sofrível o grau de preparação para combate das forças armadas do país. O ministro da Defesa acusou a revista de traição e, circundando a autoridade do ministro da Justiça, forçou uma invasão policial da redação, o confisco de milhares de documentos, a detenção de três editores e, ainda mais grave, a prisão do autor do artigo que encontrava-se em férias na Espanha. O escândalo desenvolveu-se durante meses, colocou em risco o governo de Konrad Adenauer e contribuiu para uma decisão crucial da corte constitucional que definiu a liberdade de informar como um valor supremo.

Antes, durante o processo contra Meinhof, Strauss tentara banir a *konkret*, acusando-a de vulgaridade e imoralidade. A pequena revista, de propriedade de Klaus Rainer Rohl, marido de Ulrike, tinha um pouco de tudo isso, em meio a textos relevantes de política e cultura. Era lida por um público restrito de intelectuais, acadêmicos e estudantes – até as invectivas do ministro da Defesa, que funcionaram como eficaz campanha de marketing e elevaram a circulação acima da casa dos cem mil exemplares. Na crista da onda da *konkret*, Meinhof tornou-se um nome relativamente influente, comandando um programa radiofônico e concedendo entrevistas para a televisão. Ao mergulhar na clandestinidade, a jovem jornalista renunciou à força do argumento sem dispor do argumento da força. Por que?

Talvez não seja possível oferecer uma explicação política para tal decisão. Poucos anos mais tarde, na prisão, Ulrike tentou explicá-la em notas escritas com a finalidade de preparar um livro sobre a organização terrorista Baader-Meinhof:

Os camaradas que se juntaram ao movimento viram-no como o único caminho disponível para realizar seu dever revolucionário. (...) profundamente decepcionados com as ações do movimento estudantil e da APO, eles consideraram essencial difundir a ideia da luta armada. Não porque eram tão cegos para acreditar que poderiam sustentar a iniciativa até o triunfo da revolução na Alemanha, não porque imaginaram que não poderiam ser mortos ou aprisionados. Não porque julgaram tão equivocadamente a situação a ponto de pensar que as massas simplesmente se levantariam a um tal sinal. Tratava-se de resgatar, historicamente, o estado de conhecimento alcançado pelo movimento de 1967/1968; a questão era não deixar a luta desmoronar novamente.[142]

Ulrike escrevia bem melhor que isso antes de entrar no túnel do terrorismo, mas a confusa passagem pode ser decifrada. Segundo sua principal fundadora, o Baader-Meinhof foi um fruto necessário do movimento de 1967 e 1968, que resultou da decepção com os rumos do movimento estudantil alemão e da Oposição Extra-Parlamentar (APO). A luta armada se justificava não pela sua eficácia instrumental ou por suas chances de sucesso, mas para conservar ou "resgatar" um "estado de conhecimento". Qual? A noção de que a democracia alemã era só a fachada de um Estado fascista.

RENATE RIEMECK

Nunca saberemos exatamente "porque", mas sabemos "como", o que é uma pista valiosa. A primeira ação armada de Ulrike foi o resgate de Andreas Baader de uma penitenciária de Berlim Ocidental, em maio de 1970. No ano anterior, ela recebera de um tio uma informação nova sobre seu pai: uma prova material de filiação no Partido Nazista. O choque emocional parece ter sido devastador.

Carl Friedrich Meinhof nasceu em 1857, na Pomerânia, que hoje faz parte da Polônia. Estudou antropologia, especializou-se nas línguas

---

[142] AUST, Steven. *Baader-Meinhof: the inside story of the RAF*. Londres: The Bodley Head, 2008, p. 203-204.

africanas e tornou-se professor na Escola de Estudos Orientais de Berlim. Sua tese, com alicerce nos conceitos do "racismo científico" em voga na época, era que a estrutura das línguas "hamíticas" evidenciava a superioridade racial dos povos do norte da África em relação aos "negro-africanos". As ideias de Carl Friedrich exerceram influência sobre Nicholas Van Warmelo, chefe da Seção Etnológica do Departamento de Assuntos dos Nativos na África do Sul, que desenvolveu desde os anos 1930 o sistema de classificação étnica fixado pelo regime do *apartheid*. Em 1933, o antropólogo alemão ingressou no Partido Nazista.

O irmão mais novo de Carl Friedrich, Werner Kurt Meinhof, nasceu na Saxônia em 1901, estudou história da arte e trabalhou nos museus de Oldenburg e Jena. Casou-se com Ingeborg Guthardt, também historiadora da arte, com quem teve duas filhas, Wienke e Ulrike. Werner morreu jovem, em 1940, e Ingeborg menos de uma década depois, de câncer. As filhas foram criadas pela historiadora Renate Riemeck, amiga, inquilina e amante de Ingeborg em Jena desde a morte de Werner. Em 1941, Renate filiou-se tanto ao Partido Nazista quanto à Associação Feminina das Estudantes Nazistas. Werner, por sua vez, aderira ao Partido Nazista em 1933, logo após a ascensão de Hitler ao poder.

No pós-guerra, as pessoas tendiam a ocultar suas prévias relações com o nazismo, mesmo se limitadas à posse da carteirinha do partido. Não há, portanto, nada de especialmente singular no fato de que Ulrike alcançou a maturidade sem conhecer aquele detalhe relevante sobre o passado de seu pai. Mas ela provavelmente nutria a íntima convicção de que seu círculo familiar resistira, mesmo se passivamente, à marcha avassaladora do nazismo. A curiosa trajetória da madrasta pode ter sido a fonte da errônea convicção.

Quando a guerra terminou, milhões de alemães foram compulsoriamente transferidos do leste do antigo Reich para a zona ocidental alemã. Ingeborg, Renate e as duas garotas mudaram-se, então, de Jena para Oldenburg, na Baixa Saxônia. Riemeck rasgou sua carteirinha nazista e filiou-se ao Partido Social-Democrata (SPD), inclinando-se na direção de sua ala pacifista, estridentemente crítica do governo democrata-cristão de Konrad Adenauer e da OTAN.

182

Renate exerceu forte influência ideológica sobre a filha adotiva. Ulrike estudou sociologia e filosofia em Marburg e, em 1957, ingressou numa pós-graduação na Universidade de Munster, onde conheceu o professor espanhol Manuel Sacristán. Um ex-franquista convertido ao marxismo que viria a dirigir o clandestino Partido Comunista da Catalunha, Sacristán não enxergava diferenças de fundo entre a democracia da República Federal e a ditadura espanhola – e essa sua inclinação de identificar democracias e ditaduras, reunindo-as no amplo saco do "capitalismo", exerceu nítida influência sobre o pensamento da aluna. De Munster, Ulrike transferiu-se para Berlim Ocidental, ingressou na União Estudantil Socialista (SDS), um tentáculo universitário do SPD que tendia à radicalização, e secretamente filiou-se ao Partido Comunista Alemão (KPD), uma organização ilegal na República Federal.

Ulrike já escrevia na *konkret* em dezembro de 1960, quando sua madrasta desempenhou papel decisivo na fundação da União Alemã pela Paz (DFU). O novo partido nascia no espaço ideológico aberto pela guinada do SPD, que se preparava para anunciar seu apoio à OTAN e ao rearmamento alemão. Denunciando a "traição" dos social-democratas, a DFU ergueu as bandeiras da reunificação e da neutralidade da Alemanha, obtendo a adesão de pacifistas, comunistas e nacionalistas. Revelando uma clara noção da fragilidade daquela heteróclita corrente política, Riemeck extirpou de sua plataforma eleitoral todos os itens não consensuais. Por razões táticas óbvias, o regime comunista da Alemanha Oriental estimulou seus seguidores na República Federal a apoiar o partido de Riemeck nas eleições de 1961.

Uma das primeiras campanhas jornalísticas de Ulrike teve sua madrasta como foco. No verão de 1960, sob pressão do ministro da Cultura da Renânia do Norte-Vestfália, Riemeck afastara-se de seu cargo de professora universitária. O episódio estava cercado por ambiguidades e reticências das duas partes envolvidas. O ministro apresentou o desenlace como uma providência indispensável para proteger a professora de ataques públicos relacionados às suas ligações políticas com a Alemanha Oriental. Riemeck ofereceu explicações deliberadamente confusas, mas exibiu-se como vítima de gesto de intolerância estatal. Ulrike entrou no jogo esbarrando em cristais cuidadosamente preservados pelos dois lados. Na *konkret*, publicou um artigo que acusava o ministro de punir uma professora universitária por delito de opinião, algo inédito na história da República Federal. O texto embrenhava-se por um caminho tortuoso, pois a autora sabia muito bem que Renate preferira renunciar a enfrentar um inquérito público. O que Ulrike não sabia era o que ela queria evitar: a divulgação de sua militância nazista nos anos da guerra mundial.

RUDI DUTSCHKE

Rudi nasceu em 1940, em Brandenburgo, no Reich de Hitler, e atravessou a adolescência na Alemanha Oriental. A centelha da rebeldia surgiu cedo, quando ele rejeitou o alistamento militar e foi punido com um veto ao ingresso na universidade. Em agosto de 1961, um dia antes do fechamento do Muro de Berlim, o jovem escapou para o setor ocidental da cidade, onde se matricularia no curso de sociologia da Universidade Livre de Berlim e se converteria no principal protagonista das mobilizações estudantis de 1967 e 1968.

O KPD, ilegal mas não exatamente clandestino, era pouco popular entre os jovens de esquerda da República Federal. Os comunistas representavam a "outra Alemanha" – uma ditadura burocrática subordinada ao Kremlin. Rudi, ele mesmo um exilado, escolheu a via natural da filiação à SDS, que rompera com a orientação oficial do SPD justamente devido à questão da OTAN. A ruptura aprofundou-se em dezembro de 1966, quando os social-democratas aceitaram entrar na coalizão governista dirigida pela democracia-cristã. Então, por iniciativa da organização estudantil, nasceu a APO, uma corrente política à esquerda do SPD que interpretava a República Federal como o fruto de uma cisão incompleta com o Reich nazista.

Do outro lado do Atlântico, nas universidades americanas, brilhava a estrela do filósofo alemão Herbert Marcuse. O emigrado, que fugira na hora da ascensão de Hitler, continuava a se identificar como marxista, mas formulava teses políticas estranhas ao pensamento de Karl Marx. As "democracias opulentas" do Ocidente, dizia Marcuse, ocultavam sob uma película de liberdades irrelevantes suas essências autoritárias. Por meio dos mecanismos de "tolerância repressiva", as falsas democracias bloqueavam a divergência, diluindo-as no caldo de um sistema representativo que, efetivamente, só tinha lugar para a representação dos interesses das elites econômicas. Os livros, os ensaios e as intervenções públicas do filósofo, sempre pronto a usar o microfone em manifestações estudantis nos Estados Unidos, ecoavam com força na República Federal. O tema da "falsa democracia", a ideia de que, no fundo, o Estado alemão ocidental tinha raízes fascistas ou nazistas, a desconfiança ou aversão direta ao jogo parlamentar definiam os contornos dessa esquerda alemã avessa aos comunistas oficiais.

Dutschke nutria forte interesse pelo "Terceiro Mundo", ou seja, pelas lutas anticoloniais na África e na Ásia – e, especialmente, pela guerra que crepitava nas selvas do Vietnã. No verão de 1966, no Grupo Viva Maria, um seminário informal de discussões sobre esses temas, ele conheceu a estudante americana Gretchen Klotz, que falava sobre a filosofia de Marcuse, contava a história do "nacionalismo negro" nos Estados Unidos e difundia os discursos inflamados de Malcolm X. Meses depois, Rudi e Gretchen estavam casados. As duas primeiras filhas do casal nasceram em 1968, em meio à tragédia que arruinaria, de modos diferentes, as vidas de Rudi e de Ulrike.

Tudo começou com a visita a Berlim Ocidental do xá do Irã, Mohammed Reza Pahlevi, um ditador aliado dos Estados Unidos, em junho de 1967. No dia 2, Pahlevi assistia a um espetáculo na Ópera Nacional de Berlim, enquanto estudantes protestavam do lado de fora. Seguindo um roteiro conhecido, policiais reprimiam a manifestação com cassetetes e jatos d'água, até que ouviram-se tiros e o jovem Benno Ohnesorg desabou, morto. O policial assassino, Karl-Heinz Kurras, foi preso, processado e absolvido num julgamento controverso. Quatro décadas depois, com a abertura dos arquivos da Alemanha

Oriental, descobriu-se que Kurras era um agente infiltrado da Stasi, a polícia secreta do Estado comunista.

Os ânimos se acirraram. O prefeito berlinense, um social-democrata, recusou-se a oferecer desculpas pela brutalidade policial. A SDS e a APO começaram a falar em "ação direta". O movimento estudantil alastrou-se pelo país. O jornal *Bild-Zeitung*, do conglomerado Springer, estampou a imagem de Dutschke, qualificando-o como líder das desordens. Em 11 de abril de 1968, um semiproletário de 23 anos, Josef Bachmann, abordou Rudi na calçada, indagou-lhe se era mesmo o famoso Dutschke e disparou três tiros que atingiram a cabeça da vítima. Preso, disse ao juiz que pretendia eliminar um comunista desprezível. Rudi sobreviveu milagrosamente, com sequelas cerebrais terríveis. No ano seguinte, foi admitido como estudante na Universidade de Cambridge e, aos poucos, reaprendeu a falar e a escrever. Bachmann cometeu suicídio em sua cela, em 1970. Rudi nunca recuperou completamente a saúde e, em 1979, morreu afogado na banheira após um súbito ataque epiléptico.

Os três tiros no líder estudantil alemão inflamaram os estudantes em toda a Europa Ocidental. Do outro lado do Reno, na França, o evento cruzou-se com as investidas policiais contra os manifestantes da Sorbonne, deflagrando as jornadas parisienses de maio de 1968. "Somos marxistas – da tendência de Groucho", escreviam os estudantes franceses nos muros do Quartier Latin. Em Berlim, Ulrike escolhia uma linguagem diferente, que não deixava margem para a ironia. Do seu ponto de vista, o atentado contra Dutschke fechava o parágrafo dos atos de protesto:

> *Protesto é quando digo que não gosto disso ou daquilo. Resistência é quando faço com que as coisas das quais não gosto não mais aconteçam. (...) Agora, depois que se demonstrou que existem instrumentos outros além de simples manifestações (...); agora, quando se quebraram as algemas da decência comum, a discussão sobre violência e contraviolência pode e deve começar novamente. (...) O divertimento terminou.*[143]

---

[143] MEINHOF, Ulrike. "From protest to resistance". *Konkret*, n. 5, maio de 1968 (Trad. Allison Brown).

ANDREAS BAADER

Andreas Baader nunca se divertiu realmente. Baader nasceu em Munique, em 1943, e não conheceu o pai, um oficial do Exército capturado no *front* oriental em 1945. Largou o ensino médio, envolveu-se em pequenos delitos, passou uma temporadas numa instituição correcional para menores e, em 1967, conheceu Gudrun Ensslin, uma ativista radical dois anos mais velha, com quem começou a namorar. Andreas não gostava de livros; Gudrun os adorava. Ele quase nada sabia de política; ela percorria uma estranha trajetória de um extremismo a outro. Gudrun estudou na Universidade de Tubingen, onde se apaixonou por Bernward Vesper. Will, o pai de Bernward, um escritor de sucesso no passado distante, aderira ao nazismo antes da ascensão de Hitler ao poder. Ele conservou suas convicções políticas até morrer e exerceu influência ideológica decisiva sobre o filho, que encontrou na namorada um espírito aberto às suas ideias românticas, ultranacionalistas e antiliberais. O casamento de Gudrun e Bernward deu-se logo após a morte de Will, em 1962. O casal fundou uma pequena editora e publicou antologias de ensaios e poemas pacifistas.

Na República Federal dos anos 1960, o pacifismo e a oposição às armas nucleares eram um curioso pátio ideológico no qual se encontravam ativistas de extrema-direita e extrema-esquerda – e, inclusive, personagens em trânsito de um polo ao outro. Trilhando essa estrada, entre uma manifestação e outra contra a Guerra do Vietnã, Gudrun e Bernward fizeram uma escala no SPD. Felix Ensslin, o único filho do casal, nasceu na primavera de 1967. Em junho, Gudrun participou da trágica manifestação contra o xá do Irã e, semanas depois, conheceu Andreas, que se transferira de Munique para Berlim a fim de escapar do serviço militar. No início do ano seguinte, ela se separou do marido, informando-o da relação que mantinha há meses com o turbulento Andreas.

Gudrun e Andreas tinham ao menos uma coisa em comum. Os dois, em momentos distintos, engajaram-se brevemente em "trabalhos sociais" com menores delinquentes recolhidos em instituições correcionais. Ulrike também fez isso, o que não era coincidência. Guiava-os a teoria das "novas vanguardas", difundida por Marcuse e outros arautos da "nova esquerda". O marxismo definira o proletariado industrial como sujeito da revolução social. A "nova esquerda" perdera as esperanças na classe operária da Europa e dos Estados Unidos, que teria se acomodado na ordem capitalista, adormecendo sob o efeito do ópio dos benefícios salariais e trabalhistas obtidos pelos sindicatos. No lugar dela, emergiam sujeitos fragmentários, fixados nos estereótipos do guerrilheiro cubano ou vietnamita, do Pantera Negra do gueto americano e, inclusive, do jovem delinquente perseguido pelas forças da ordem.

O assassinato de Ohnesorg diante da Ópera de Berlim cortou o tênue fio que prendia Gudrun ao SPD – e ao marido. Num encontro da SDS, ela denunciou a República Federal como um "Estado fascista". Tarde da noite de 2 de abril de 1968, bombas incendiárias caseiras explodiram em duas lojas de departamentos de Frankfurt. Gudrun, Andreas e dois companheiros foram presos e sentenciados a três anos de cadeia. Eles apelaram da decisão, obtiveram liberdade provisória e fugiram quando a decisão judicial foi confirmada. A polícia recapturou Andreas em abril de 1970. Em maio, uma ação armada de resgate inaugurou a saga do Baader-Meinhof.

Os incêndios terroristas precederam em apenas nove dias o atentado contra Dutschke. Ulrike conectou os dois eventos sob uma dialética de violência e contraviolência, publicando artigos exaltados em defesa dos quatro réus de Frankfurt. Ela já não escrevia na *konkret* desde o ano anterior. Na sua opinião, a revista convertera-se numa imprestável publicação comercial. Junto com outros militantes radicalizados da APO, ocupou e vandalizou a redação, um escândalo que marcou a ruptura definitiva com seu marido. Quando Andreas e Gudrun ganharam a liberdade provisória, Ulrike entrou em contato com eles.

A jornalista foi o elemento chave na ação de resgate de 14 de maio. Ulrike obteve autorização para entrevistar Andreas fora da penitenciária, na biblioteca de um instituto de pesquisas. Gudrun, duas cúmplices e um bandido comum invadiram o local, alvejaram os guardas penitenciários e um bibliotecário e fugiram com o prisioneiro. Nos dias seguintes, um manifesto de Gudrun anunciou a formação da Fração do Exército Vermelho. Os militantes pensaram em adotar como emblema a imagem do Kalashnikov, rifle de assalto soviético celebrizado pelos movimentos de libertação no Terceiro Mundo, mas cometeram um erro iconográfico e inscreveram sua estrela de cinco pontas no desenho da submetralhadora Heckler & Koch, uma arma usada pelos militares da República Federal contra quem declaravam guerra. Também não parecem ter notado que a sigla RAF, de *Rote Armee Fraktion*, era bem mais conhecida como iniciais da força aerea britânica. "Eles entendem, se você lhes diz, que a ação para libertar Baader não é um ato isolado (...)". O manifesto de Gudrun, cujos destinatários eram os subproletários e os jovens em rebelião, tinha horizontes ambiciosos: "Eles podem entender que o que está começando aqui já começou no Vietnã, na Palestina, na Guatemala (...), em Cuba e na China, em Angola e Nova York".[144] *Bonnie e Clyde*, de Arthur Penn, lançado em 1967, que romanceava a história do casal americano de assaltantes de banco dos anos 1930, era o filme preferido de Andreas.

Os dirigentes do grupo estabeleceram relações com o serviço secreto da Alemanha Oriental e com o Fatah palestino. Logo, estavam num campo de instrução de guerrilha na Jordânia, falando sobre a revolução europeia e o amor livre entre árabes muçulmanos. A improvável colaboração não podia prosperar, ainda mais depois que as mulheres alemãs resolveram tomar banho de sol em topless sobre o telhado do alojamento. De volta, Ulrike escreveu um texto estratégico intitulado "O conceito de guerrilha urbana" que misturava análises inspiradas na organização italiana de extrema-esquerda Il Manifesto, com exemplos extraídos das ações dos Tupamaros uruguaios e citações do manual de guerrilha do brasileiro Carlos Marighella, o líder da Aliança Libertadora Nacional morto numa operação policial em 1969.

---

[144] ENSSLIN, Gudrun. "Build up the Red Army!", 5 de junho de 1970 (Trad. Allison Brown).

A ação de resgate de Andreas e os eventos que a seguiram provocaram, como consequência menor, a suspensão da exibição de um docudrama produzido para a televisão e escrito por Ulrike, programada para 24 de maio. *Bambule*, o título, significa "motim", no dialeto das prisões alemãs. A trama se passava numa instituição correcional para mulheres, que tomavam consciência da existência de um sistema de repressão e do imperativo da resistência violenta. Numa entrevista concedida durante as filmagens, exatamente o período em que estabeleceu contato com Andreas e Gudrun, Ulrike traduziu o slogan feminista "o pessoal é político" para "apenas aquilo que pertence à minha própria experiência é autenticamente político" e também para "tudo que sinto subjetivamente é autenticamente político".[145]

STAMMHEIM

"No momento em que você enxerga seu próprio país como a continuação de um Estado fascista, você se concede uma permissão para fazer quase qualquer coisa contra ele", explicou Steven Aust, um estudioso da gangue de Baader-Meinhof.[146] Os assaltos a bancos, atos de terror contra delegacias de polícia e edifícios do grupo de mídia Springer, e um atentado contra uma base militar americana deixaram 34 mortos. A campanha de violência da geração pioneira da gangue durou cerca de dois anos, até o início de junho de 1972, quando cinco de seus principais líderes foram presos em Frankfurt.

Junto com os três fundadores, a polícia capturou Holger Meins, um ex-estudante de cinema que se especializara em fabricar bombas, e Jan-Carl Raspe, um jovem radical graduado em sociologia que conheceu Ulrike por meio de sua namorada, Marianne. Os cinco foram transferidos para celas solitárias na penitenciária de segurança máxima de

---

[145] COLVIN, Sarah. *Ulrike Meinhof and West German terrorism*. Nova York: Camden House, 2009, p. 75.

[146] SIEGEL, Fred. "The romance of evil". *City Journal*, 18 de setembro de 2009. http://www.city-journal.org/2009/bc0918fs.html

190

Stammheim, em Stuttgart, onde seriam protagonistas de um drama confinado e referências centrais em dois sangrentos dramas públicos. As Olimpíadas de Munique, de 1972, foram encaradas pela República Federal como uma oportunidade de redenção política. O governo alemão sabia que elas seriam avaliadas sobre a tela histórica dos Jogos de Berlim, de 1936, utilizados por Hitler para exibir ao mundo o poderio de seu Reich. Mas uma catástrofe espreitava o evento. No início de setembro, cinco dias antes da cerimônia de encerramento, terroristas palestinos do Setembro Negro, um grupo operacional ligado ao Fatah, invadiram a vila olímpica e sequestraram 11 atletas israelenses. Eles exigiam a libertação de prisioneiros em Israel e, também, dos líderes do Baader-Meinhof. Todos os atletas foram assassinados durante uma frustrada tentativa de resgate. A polícia matou alguns dos sequestradores durante o esforço de resgate e prendeu os sobreviventes.

"Os camaradas do Setembro Negro", escreveu então a detenta Ulrike, "trouxeram seu próprio Setembro Negro de 1970 – quando o Exército jordaniano trucidou mais de 20 mil palestinos – de volta para o lugar onde o massacre brotou: Alemanha Ocidental, a antiga Alemanha nazista, hoje o centro do imperialismo. O lugar de onde judeus da Europa Ocidental e Oriental foram forçados a emigrar para Israel, o lugar de onde Israel obteve seu capital por meios das reparações e, oficialmente, obteve suas armas até 1965."[147] Era a primeira vez que uma figura pública alemã celebrava a morte de judeus como um ato antinazista – e um sintoma da difusão do antissemitismo nas fileiras da extrema-esquerda.

Ulrike prestava atenção especial às opiniões políticas de Horst Mahler, um dos líderes do grupo terrorista e advogado de Andreas e Gudrun no caso de 1968. Filho de um nazista fanático que se suicidara em 1949, Mahler fez o caminho de uma fraternidade estudantil de extrema-direita até o pacifismo, a APO e o Baader-Meinhof. Em outubro de 1970, foi capturado numa segunda onda de prisões de dirigentes da gangue. Na penitenciária, ele oscilou na direção do comunismo

[147] AUST, Steven. *Baader-Meinhof: the inside story of the RAF*. Op. cit., p. 182.

oficial e, por isso, acabou expulso da RAF pelos cinco presos. Obteve a liberdade condicional em 1980, graças aos esforços do advogado social-democrata Gerhard Schroeder, que bem mais tarde chefiaria o governo alemão, e aderiu a uma organização neonazista, retornando ao ponto de partida ideológico. A trajetória aparentemente destituída de sentido tem um fio condutor inflexível, constituído pelo aço do antissemitismo.

A instrução do processo se arrastou. Nas audiências, os presos insultavam os juízes, crismando-os como "porcos imperialistas". Os cinco protestaram contra o confinamento em solitárias por meio de greves de fome e foram alimentados à força. Meins morreu num desses protestos, em novembro de 1974, e depois disso os quatro puderam se reunir num pátio fechado adjacente às celas. Em fevereiro de 1975, militantes da "segunda geração" do Baader-Meinhof sequestraram o candidato democrata-cristão à prefeitura de Berlim e obtiveram a libertação de prisioneiros de menor relevância. Em abril, sob o influxo do triunfo anterior, os terroristas ocuparam a embaixada alemã na Suécia e mataram dois reféns quando o governo social-democrata de Helmut Schmidt rejeitou novas concessões.

Os textos de Ulrike, Gudrun e Andreas na prisão formam uma tese sobre os poderes libertadores da violência terrorista. Numa carta de 1973, Gudrun citou o prefácio do filósofo Jean-Paul Sartre a *Os condenados da Terra*, de Frantz Fanon, que definia o ato de "matar um europeu" na revolta nacionalista argelina não como uma circunstância de guerra, mas como um gesto de humanização do guerrilheiro. Naquele ano, em entrevista à revista *Der Spiegel*, Sartre qualificara a RAF como um "grupo revolucionário" que tivera o azar de começar a operar cedo demais. No dia 4 de dezembro de 1974, a pedido de Ulrike, o filósofo entrevistou Andreas na prisão.

A um programa televisivo, na noite anterior, Sartre exprimira seu desacordo com os métodos do Baader-Meinhof. O terror se justificaria sob ditaduras ou regimes coloniais, mas não na Europa Ocidental. "Que estúpido, esse Baader!", confidenciou à saída ao rebelde fran-

192

co-alemão Daniel Cohn-Bendit, o "Dany le rouge" do Maio de 1968.[148] Na sequência, publicou um artigo no *Libération* denunciando o método de "tortura por isolamento" empregado pelo Estado alemão, que era o alvo de uma nova greve de fome dos presos. Andreas, em particular, segundo informações dos guardas penitenciários, seguia regras bastante liberais nas suas greves de fome, alimentando-se às escondidas.

O processo da gangue ativou paixões e estreitou os espaços do debate democrático. Heinrich Boll, Nobel de Literatura de 1972, escreveu que a noção de uma "guerra ao terror", difundida pelas autoridades e pela imprensa, contaminava a instrução processual. Ele pediu um julgamento justo, exigiu que os presos fossem tratados com humanidade e tentou, junto com Riemeck, distinguir Ulrike dos demais terroristas encarcerados. Na *Der Spiegel*, pediu a ela que explicasse se desejava clemência ou um salvo-conduto para matar. Os jornais apresentavam a ex-colunista de sucesso como o cérebro do grupo terrorista, mas na penitenciária o poder de coerção moral estava com Andreas. Ulrike tendia a formular indagações sobre os manifestos e greves de fome. Andreas, sempre apoiado por Gudrun, retrucava com insultos e humilhações, qualificando-a como traidora da causa.

Nas aparições públicas, Ulrike nunca demonstrou remorso ou arrependimento, destruindo as esperanças de Boll e Riemeck. Diante de uma corte federal em Berlim, em agosto de 1974, pálida e flácida, ela falou em tom monocórdico durante 40 minutos sobre os objetivos políticos da RAF e anunciou as demandas de uma nova greve de fome. "Se os porcos cederem a uma ou outra dessas reivindicações, muito melhor. Então, poderemos usar nosso poder para lutar por alguma outra coisa."[149] Mahler estava sentado ao lado dela, mas não mereceu nem um olhar: ele já tinha sido oficialmente proscrito pelo grupo.

---

[148] WELTEN, Ruud. *The philosopher and the terrorist. Why Sartre visited Andreas Bader*. Academia.edu, 2005. http://www.academia.edu/1269987/The_philosopher_and_the_terrorist._Why_Sartre_visited_Andreas_Baader

[149] AUST, Steven. *Baader-Meinhof: the inside story of the RAF*. Op. cit., p. 202.

O julgamento dos quatro começou em maio de 1975. No dia 9 de maio de 1976, Ulrike foi encontrada morta em sua cela. Nunca se comprovou a versão oficial, de suicídio por enforcamento. O pilar lógico dessa versão encontrava-se na narrativa das dissensões entre ela e Andreas. Num depoimento diante dos juízes, Raspe negou com veemência a hipótese de uma ruptura e apresentou aquilo que seria o esboço do último texto escrito pela prisioneira. O tema era o "coletivo", um "grupo que pensa, sente e age como um grupo" e que antecipa um traço essencial da sociedade futura. No caso da RAF, asseverava Ulrike, Andreas era a encarnação do "coletivo".[150]

Os réus remanescentes foram sentenciados à prisão perpétua quase um ano mais tarde. Em seguida, desenrolou-se o "Outono Alemão" de 1977. No fim de julho, militantes do Baader-Meinhof sequestraram Hanns Martin Schleyer, presidente da Associação Empresarial, exigindo a libertação de inúmeros presos, inclusive os três. O impasse perdurou até meados de outubro, quando terroristas árabes desviaram um avião da Lufthansa para Mogadíscio, pedindo a liberdade de presos palestinos e dos três alemães. O avião foi resgatado numa operação de comandos alemães. De acordo com a versão oficial, os três chefes do Baader-Meinhof cometeram suicídio ao saberem do desenlace. Logo depois, os sequestradores executaram Schleyer.

No dia 7 de maio, Ulrike recebeu sua última visita. O visitante era Giovanni Capelli, advogado de presos das Brigadas Vermelhas e portador da mensagem de que o grupo terrorista italiano tinha interesse em estabelecer canais regulares de contato. Nos depoimentos que prestou aos investigadores, Capelli assegurou que sua interlocutora fazia planos para o futuro.

---

[150] COLVIN, Sarah. *Ulrike Meinhof and West German terrorism*. Op. cit., p. 175-176.

"BLACK IS BEAUTIFUL"

Steve Biko, intelectual e ativista (1946-1977)

Vasco da Gama batizou a reentrância como Baía de Natal no final de dezembro de 1497, enquanto navegava paralelamente ao litoral oriental sul-africano, a caminho das Índias. Um oficial militar britânico fundou, em 1824, no norte da Baía de Natal, a cidade de Durban, nomeando-a em homenagem ao governador da Colônia do Cabo, para cumprir a missão de estabelecer uma nova colônia, que se chamaria Natal. Quase um século e meio depois, em 1971, organizações negras reuniram-se num centro ecumênico de Edendale, 90 quilômetros a oeste da cidade, em busca de consensos políticos sobre a luta contra o regime do apartheid. Um dos *papers* apresentados ao seminário era assinado pelo chefe Gatsha Buthelezi, líder dos zulus, população majoritária no Natal. Entre os outros, havia um texto de um jovem de 24 anos que já não era desconhecido.

Steve Biko fundara pouco antes a Organização dos Estudantes Sul-Africanos (SASO), que liderava. A SASO surgira como cisão da União Nacional dos Estudantes Sul-Africanos (NUSAS), uma entidade mutirracial, e era um fruto de divergências de fundo sobre a luta contra o apartheid. Biko queria organizar os estudantes negros, coloured (isto é, os mestiços do Cabo) e indianos – mas, sobretudo, infundir a ideia de "consciência negra" nos jovens. O *paper* que apresentou ao seminário trazia o significativo título "Alguns conceitos culturais africanos".

Cultura, segundo Biko, é um sujeito histórico que percorre o tempo, encontra adversidades, se dobra e se deforma, mas conserva sua integridade original. "Sou contrário à crença de que a cultura africana está presa ao tempo, à noção de que, com a conquista dos africanos, toda a sua cultura foi obliterada. (...) Obviamente, a cultura africana tem sofrido golpes severos e pode ter sido agredida até o ponto da deformação pelas culturas beligerantes com as quais colidiu, porém, em essência, mesmo hoje é possível encontrar facilmente os aspectos fundamentais da pura cultura africana na África atual."[151]

Os africanos vivem em sociedades cujo centro é o ser humano. Eles se comunicam pelo prazer da comunicação, não para alcançar conclusões práticas. A cultura africana é comunitária, não individualista, e se articula ao redor da troca de experiências. "Não somos uma raça desconfiada": os africanos são solidários, avessos ao egoísmo, pois acreditam "na bondade inerente dos homens". Os africanos conservam um contato real e espiritual com a natureza. A música, entoada em grupo, é um dos alicerces da vida africana. A posse comunal da terra é outro. Os ocidentais debruçam-se sobre um problema através de uma lógica abstrata e dedutiva; os africanos preferem uma abordagem indutiva, baseada nas circunstâncias e na experiência vivida.[152]

A celebração da "cultura africana", nos termos de Biko, formava extensas paráfrases involuntárias dos tratados antigos, oriundos do "racismo científico". A antropologia europeia da passagem do século XIX para o século XX entoava a mesma melodia binária organizada em torno da contraposição entre razão (ocidental) e espiritualidade (africana) ou entre individualismo (ocidental) e comunitarismo (africano). Biko, no fundo, apenas invertia o sinal valorativo, transformando as supostas provas da inferioridade africana em indícios de uma diferença positiva. Assim, ele enredava-se na armadilha do essencialismo, que fala de cultura para falar de raça – e vice-versa.

O *paper* "acadêmico" de Biko tinha um interesse militante. Ele sugeria que a luta contra o apartheid – e, de modo geral, contra o

---

[151] BIKO, Steve. *I write what I like: a selection of his writings*. Johannesburgo: Heinemann, 1987, p. 41.

[152] BIKO, Steve. *I write what I like: a selection of his writings*. Op. cit., p. 42-43.

domínio colonial europeu na África – precisava ancorar-se na resistência cultural. "Sempre que a colonização se estabelece com sua cultura dominante, ela devora a cultura nativa e e deixa atrás de si o rastro de uma cultura bastarda que só pode evoluir nos graus e ritmos permitidos pela cultura dominante". Os africanos deveriam rejeitar os "valores ocidentais" e, diante da opressão, dizer bem alto "Eu sou negro e sou orgulhoso!". Num horizonte de longo prazo, a África ofereceria a todos os povos o "maior presente": "dar ao mundo uma face mais humana".[153]

Naquele texto, Biko mencionava mais de uma vez o nome de Kenneth Kaunda, líder do movimento de independência da Rodésia do Norte e, então, presidente da Zâmbia. Kaunda ocupou o cargo de chefe de Estado entre 1964 e 1991. Enquanto se desenrolava o seminário de Edendale, o sistema político da Zâmbia adquiria feições autoritárias, convertendo-se em regime de partido único. Descrevendo uma trajetória similar às dos líderes de Gana, Kwame Nkrumah, e da Tanzânia, Julius Nyerere, Kaunda utilizava o rótulo "socialismo africano" para legitimar a transição autoritária. Na sua versão zambiana, o "socialismo africano" combinava um programa econômico nacionalista com a produção de uma filosofia política de Estado baseada nos "valores africanos" de confiança, comunitarismo e ajuda mútua.

Apesar disso, Biko não era um pan-africanista. Ele não pregava uma futura expulsão dos brancos, definia "negros" como todos os oprimidos pelo regime do apartheid e tinha um profundo respeito por Nelson Mandela. A revolta dos jovens de Soweto, em 1976, que infligiu o primeiro golpe decisivo na armadura do apartheid deveu-se, em larga medida, à difusão das ideias de Biko.

UMA AMARGA EXPERIÊNCIA

Stephen Bantu Biko nasceu na casa de sua família, em King William's Town, na província do Cabo, junto às belas montanhas de

---

[153] BIKO, Steve. *I write what I like: a selection of his writings*. Op. cit., p. 46-47.

Amatola. Antes de seu segundo aniversário, nas eleições parlamentares de 1948, o Partido Unido, de Jan Smuts, que dirigia o país desde 1934, sofreu uma derrota decisiva, cedendo o governo ao Partido Nacional, de Daniel Malan, enraizado entre os africânderes – isto é, os descendentes dos colonos bôeres. O eleitorado, praticamente circunscrito à minoria branca, dividiu-se quase ao meio em torno da questão crucial, que era o futuro da segregação racial, mas o sistema distrital inclinou os pratos da balança na direção dos nacionalistas de Malan.

Smuts representava a política de conciliação liberal entre a elite de origem britânica e os africânderes. Seu partido defendia um relaxamento das regras segregacionistas, de modo a permitir a migração de negros para os núcleos urbanos brancos, e apontava para um horizonte de integração subordinada da maioria negra à vida política. O Partido Nacional, pelo contrário, clamava por uma radicalização das leis segregacionistas, a fim de conservar a "identidade branca" da nação sul-africana. A vitória eleitoral abriu caminho para a instituição do regime do apartheid.

"Apart-heid" significa, na língua africâner, "marcha separada". O edifício jurídico do chamado "Pequeno Apartheid" começou a ser erguido com as leis de Proibição de Casamentos Mistos (1949), que criminalizava uniões inter-raciais, e de Registro da População (1950), que classificava cada habitante do país segundo critérios raciais e linguísticos. Brancos, Negros, Coloured (mestiços) e Asiáticos formavam as quatro grandes categorias oficiais. Os negros foram subdivididos em nove grupos étnicos, numa operação de "retribalização" estatal. A Lei de Áreas de Grupo (1950) consolidava a segregação residencial urbana, separando as cidades brancas dos guetos negros (*townships*), e a Lei de Circulação de Nativos (1952) reforçava o antigo sistema de passes internos destinado a regular os movimentos de negros em áreas brancas.

Os Biko residiam na pequena *township* de Ginsberg, separada da cidade branca pela fronteira racial que coincidia com os trilhos da ferrovia. A mãe de Biko utilizava seu passe para trabalhar como doméstica em uma residência branca e, depois, cozinheira num hospital da cidade. O pai, um funcionário policial de baixo escalão que também precisava usar o passe, começou a cursar a faculdade de Direito, mas morreu jovem, quando o garoto tinha quatro anos. "(...) se você não tinha comida, ia até os vizinhos e eles davam farinha, feijão, açúcar (...). Nunca nos enxergamos como pobres, mas, olhando para trás, percebo que, de fato, éramos pobres", rememorou certa vez Nobandile, irmã mais nova de Steve.[154]

Alto e esbelto, Steve ingressou no universo da política estudantil antiapartheid pelas mãos de Khaya, o irmão mais velho. O ponto de partida foi uma experiência traumática, em 1963, meses depois de sua chegada à cidade de Alice, dezenas de quilômetros a oeste da *township* natal, onde começava a cursar o ensino médio. Khaya foi detido pela polícia sob suspeita de envolvimento com o Poqo, a precária ala militar do Congresso Pan-Africanista de Azânia (PAC), e permaneceu encarcerado por nove meses. Steve também foi detido, mas liberado após um interrogatório conduzido por sete policiais. "Não demorou muito para descobrirem que eu nada sabia sobre o assunto. Eles falavam de 'amigos' meus que tinham sido presos; eu não conhecia aquelas pessoas. Falavam de coisas que eu estaria fazendo com 'amigos'; eu não sabia nada sobre elas. Dessa forma, eu tive um lampejo do que aconteceria com meu irmão. (...) Foi uma amarga experiência. Eu era terrivelmente jovem."[155]

A detenção custou a Biko a expulsão imediata do colégio, um evento marcante, fonte de um ódio profundo contra as autoridades. Um ano perdido depois, ele estava num internato católico em Mariannhill, nos arredores de Durban. Era uma instituição liberal, avessa ao apartheid, mas o jovem agastava-se com o tom paternalista dos mestres religiosos brancos, com a estrutura hierárquica católica e com a posição marginal reservada às freiras. Por outro lado, os estudantes

---

[154] WILSON, Lindy. *Steve Biko*. Athens: Ohio University Press, 2012, p. 20-22.

[155] WILSON, Lindy. *Steve Biko*. Op. cit., p. 23.

debatiam animadamente o noticiário de uma África que emergia do colonialismo. Ahmed Ben Bella, da Argélia, Hastings Banda, do Malawi, e Oginga Odinga, do Quênia, surgiam como heróis na paisagem desoladora da política sul-africana. Aqueles eram tempos sombrios, de recuo dos ativistas antiapartheid. Em março de 1960, quando Steve tinha 13 anos, um dia de manifestações de massa contra a lei do passe, na *township* de Sharpeville, nos arredores da distante Johannesburgo, terminara com um massacre. A tragédia prosseguiu, com o banimento do Congresso Nacional Africano (CNA) e do Congresso Pan-Africano (PAC), as duas principais organizações políticas de base negra, o que levou Nelson Mandela a propor a criação do Umkhonto weSizwe (MK), a ala militar do CNA. Quando Steve tinha 16 anos, Mandela e todo o alto comando do MK foram encarcerados e, no Julgamento de Rivonia, sentenciados à prisão perpétua.

A política ocupou a mente de Steve desde que ele foi para Mariannhill. Nos fins de semana, o jovem voltava para casa cheio de projetos e ideias. Com Nobandile, ouvia músicas de Gibson Kente, um artista de Soweto que também escrevia peças de teatro e roteiros de cinema sobre a vida nas *townships*. Sob a influência de Khaya, todos falavam do PAC, uma organização exclusivamente negra, mais radical e ousada que o CNA. Steve admirava a coragem dos militantes do PAC, mas resistia a seu africanismo e se inclinava por uma política não racial.

Ele queria estudar Direito, mas as circunstâncias cortaram esse caminho. Entre as famílias das *townships*, vigorava a crença de que as faculdades de Direito conduziam à militância política, algo muito perigoso. Os melhores estudantes negros do Cabo Oriental eram estimulados a cursar Medicina na "seção não europeia" (ou seja, reservada a negros, coloured e indianos) da Universidade de Natal. Steve obteve uma bolsa de estudos e, em 1966, mudou-se para Durban. Ele estudaria Medicina – mas, sobretudo, saltaria definitivamente para o universo da política negra.

A "ARMA MAIS PODEROSA"

No primeiro ano de faculdade, Steve ignorou as críticas de colegas africanistas e participou, como observador, de um congresso da NUSAS. Um ano depois, foi eleito delegado para o congresso seguinte, na Universidade Rhodes, em Grahamstown. Aplicando as regras de segregação, as autoridades universitárias reservaram aos delegados brancos as residências no campus, enviaram os coloured e indianos para alojamentos na cidade e transferiram os negros para o salão de uma igreja nos arredores. Steve exigiu uma reação da direção da NUSAS, que redigiu uma moção de protesto. Ele voltou à carga, apresentando uma proposta de suspensão do evento até que se encontrasse um local "não racista" para o encontro.

O debate sobre as moções prolongou-se durante toda a noite, evoluindo na forma de uma polêmica sobre as estratégias da luta antiapartheid. Steve não obteve maioria, mas causou forte impressão e, principalmente, reavaliou suas próprias concepções políticas. A NUSAS, implantada nas universidades brancas, tinha parca influência nos campi negros. Seus dirigentes, na visão de Steve, "tinham esse problema (...) de superioridade e se inclinavam a nos enxergar como subordinados". As discussões eram conduzidas em inglês, a língua natal dos brancos, mas apenas uma segunda língua entre os negros. "Você é empurrado a um papel subserviente de dizer 'sim' àquilo que eles estão dizendo porque não consegue se expressar tão bem. (...) Você tende a conectar isso com a inteligência. Você tende a sentir que o cara é, mentalmente, melhor equipado que você."[156]

Steve tornou-se, então, Biko. Do congresso, partiu para Porth Elizabeth, a fim de conversar com Barney Pityana, um antigo colega de colégio que se convertera em destacado líder estudantil na faculdade de Direito da Universidade de Fort Hare. Daquelas horas de discussões nasceu o embrião do Movimento de Consciência Negra. Nos Estados Unidos, um ano antes, o trinidadiano-americano Stokely Carmichael

[156] WILSON, Lindy. *Steve Biko*. Op. cit., p. 31-32.

lançara o slogan do Black Power, desafiando a orientação não racial de Martin Luther King. Biko e Pityana concluíram que a abordagem integracionista estava esgotada. Era hora de contestar ativamente os conceitos estabelecidos sobre a inferioridade civilizacional e cultural dos africanos. Uma atitude mental renovada funcionaria como alicerce para novas organizações e lideranças negras.

A colaboração entre os dois prosseguiu, mas Pityana ainda resistia à ideia de uma união de estudantes negros. Em julho de 1968, num encontro do Movimento Universitário Cristão (UCM), um grupo multirracial antiapartheid, Biko fez aprovar a convocação de uma conferência que discutiria a formação de uma organização estudantil negra. Pouco depois, no encontro seguinte da UCM, realizado em Fort Hare, um discurso de Biko convenceu Pityana. Os dois companheiros dividiram o trabalho de arregimentação. Biko viajou pelo Natal e o Transvaal; Pityana, pelo Cabo Ocidental. Uma conferência de representantes da SASO aconteceu em dezembro, em Mariannhill, e um congresso de fundação em julho de 1969, na Universidade do Norte, perto de Polokwane. "Negros", na linguagem da SASO, significava todos os não brancos – isto é, também os coloured e os indianos, sujeitos a graus variados de segregação legal.

Por essa época, a NUSAS tinha uma nova direção e seu presidente, Neville Curtis, enxergava em Biko um parceiro. Os dois combinaram que operariam em aliança, mobilizando estudantes brancos e não brancos em torno de temas comuns. Na presidência da SASO, Biko enfatizou que a organização não pretendia concorrer com a NUSAS. A organização dos estudantes negros aceitava a NUSAS como entidade de todos os estudantes sul-africanos. O objetivo da SASO era equilibrar os pratos da balança, engendrando uma nova atitude entre os estudantes não brancos.

Os líderes brancos da NUSAS, dizia Biko, só eram capazes de ver a superfície institucional do apartheid. Eles não enxergavam as estruturas profundas do racismo, nem suas consequências sociais e econômicas. A militância estudantil representava, para eles, um rito de passagem ou um passatempo de juventude, que terminava na hora da graduação. Os negros, por sua vez, haviam internalizado um paralisante complexo de inferioridade. Era preciso romper a concha mental. O termo "não brancos" foi usado nos textos iniciais da SASO, mas abandonado em 1970. Implicitamente, ele significava que "branco" era a norma – e que os demais definiriam a sua identidade por meio de uma negativa. Para se humanizarem, todos os excluídos da nação branca deveriam afirmar uma identidade positiva: "negros". Biko renunciara à abordagem liberal não racial, mas continuava a rejeitar o puro africanismo étnico do PAC. Nas férias de inverno de 1970, Pityana assumiu a presidência da SASO e Biko passou a editar o boletim periódico da organização. Sob o pseudônimo de "Frank Talk", começou a assinar a coluna *I write what I like* (*Eu escrevo o que eu gosto*), que se tornaria a mais relevante coleção de textos do Movimento de Consciência Negra. Naquele ano, casou-se com Ntsiki Mashalaba, que estava grávida de sua primeira filha.

A SASO treinava líderes comunitários, ajudava a criar clínicas de saúde e providenciava ajuda jurídica nas *townships*. Biko e Pityana desenvolveram um estilo de liderança baseada no diálogo, no respeito e na liberdade. Grupos autônomos do Movimento de Consciência Negra surgiram em diferentes pontos do país. Biko inspirava-se no Black Power, mas também na *Négritude* de Aimé Césaire e nos textos de Frantz Fanon. Num ensaio escrito em algum momento de 1971 encontra-se a melhor síntese de seu projeto político. No ponto de partida, ele delineou um conceito de liberdade:

A filosofia da Consciência Negra (...) expressa o orgulho de grupo e a determinação dos negros de levantarem-se e alcançarem sua própria personalidade. Liberdade é a capacidade de definir a si mesmo e suas potencialidades, em limites postos não pelo poder de outro povo mas apenas pelas relações estabelecidas com Deus e com o meio natural circundante. Por si mesmo, portanto, o homem negro almeja explorar seu meio e testar suas possibilidades – em outras palavras, tornar real a sua liberdade pelos meios que julgar apropriados.

O obstáculo não residiria tanto na força bruta do opressor, mas na "mente do oprimido":

> *No núcleo desse modo de pensar está a constatação, pelos negros, de que a arma mais potente nas mãos do opressor é a mente do oprimido. Se alguém é livre no seu íntimo, nenhuma corrente feita pelos homens pode prendê-lo à servidão, mas se sua mente é tão manipulada e controlada pelo opressor a ponto de fazê-lo acreditar que é uma dependência do homem branco, então não há nada que o oprimido possa fazer para amedrontar seus poderosos senhores.*[157]

O ROMANCE DA URGÊNCIA

Mamphela Aletta Ramphele anunciou, em fevereiro de 2013, o lançamento de um novo partido na África do Sul. O Agang ("construir", na língua sotho) pretende desafiar a hegemonia do CNA sobre o eleitorado negro, mexendo as pedras congeladas do tabuleiro político sul-africano. Ramphele não é uma figura qualquer. A médica, acadêmica e ativista de direitos humanos que chegou a ocupar uma diretoria do Banco Mundial envolveu-se na luta antiapartheid pelo Movimento de Consciência Negra. Ela tinha pouco mais de 20 anos e, como Biko, estudava Medicina na Universidade de Natal:

> *Eu me aproximei desse círculo e comecei a adotar alguns dos comportamentos do grupo. Larguei a peruca que usava sempre que sentia precisar de uma aparência mais "respeitável" do que sugeria meu cabelo curto infantil. O slogan "Black is Beautiful" da época teve o desejado impacto em todos nós. Alguns passaram a utilizar seus nomes africanos, no lugar dos*

---

[157] BIKO, Steve. *I write what I like: a selection of his writings.* Op. cit., p. 92.

"nomes de escravos" que tínhamos utilizado até então. Eu também me tornei mais ousada com minhas roupas, tirando vantagem de meu corpo e das tendências da moda daquele tempo, que cabiam até mesmo no meu estreito orçamento: calças chamativas tornaram-se a minha especialidade. As calças chamativas eram excessivamente curtas, ajustando-se confortavelmente à volta do corpo, pairando tentadoramente em torno dos limites do pudor.[158]

A jovem Ramphele esteve nas festas regadas a cerveja dos ativistas do movimento, em salas enevoadas por fumaça de cigarro, onde eles cantavam, dançavam, escutavam fitas cassete de discursos de Malcolm X e Martin Luther King, circulavam livros proibidos e contavam piadas. Nas suas memórias, ela conta que o termo "negro" substituiu, finalmente, o "não branco" e ficou definido como uma referência positiva destinada a "aqueles que sofrem discriminação política, social e econômica – e se identificam como discriminados". Por essa via, explica, um indivíduo poderia continuar a ser "não branco" apenas por não se identificar com a luta antiapartheid, "uma torção lógica muito interessante que evidencia o ridículo das definições de raça e expõe suas perigosas fundações políticas".[159]

Uma dessas festas pode ter servido como cenário para o início do longo caso amoroso entre Ramphele e Biko. As coisas não engrenaram imediatamente e, ao que parece, eles estabeleceram uma relação platônica de cerca de um ano. No intervalo, Ramphele casou-se com um colega e antigo namorado, e Biko também se casou, numa estratégia destinada esquecer a bela garota de calças chamativas que era sua verdadeira paixão. O casamento de Ramphele terminou logo, vítima da crescente irritação do marido com seu ativismo político, abrindo caminho para o romance inevitável.

---

[158] RAMPHELE, Mamphela. *Across boundaries: the journey of a South-African woman leader.* Nova York: The Feminist Press, 1999, p. 57-58.

[159] RAMPHELE, Mamphela. *Across boundaries: the journey of a South-African woman leader.* Op. cit., p. 59.

Biko, porém, não se separou de Ntsiki, que acabara de dar à luz. Os dois namoraram num precário segredo, que foi se despedaçando aos poucos, dolorosamente.

O pan-africanismo, nas suas versões mais radicais, batia à porta do Movimento de Consciência Negra. Aubrey Mokoape, um militante ligado ao PAC, argumentava com Biko, por horas a fio, contra a inclusão dos indianos e coloured no movimento. Litros de cerveja mais tarde, sugeria encorajar os indianos a embarcar no navio que levantava ferros da baía de Durban, todas as quintas-feiras, rumo à Índia. Em Uganda, Idi Amin tomara o poder, num golpe militar e, em agosto de 1972, declarara uma "guerra econômica" contra os "estrangeiros" por meio de um decreto de expulsão da minoria étnica de origem indiana. Os ecos do sangrento "africanismo" do ditador ugandês chegaram imediatamente até o círculo de Biko. Strini Moodley, um dirigente da SASO, fez um discurso dedicado a ameaçar os indianos com uma sorte similar, caso eles não aderissem à luta antiapartheid.

Biko não cedeu às pressões africanistas. Junto com Ramphele, e em colaboração com Ela Gandhi, uma neta sul-africana de Mahatma Gandhi, organizou a abertura de uma clínica no Gandhi Centre, em Phoenix, nos arredores de Durban. Àquela altura, ele já não era mais um estudante de Medicina: em meados de 1971, fora reprovado nos exames de recuperação das disciplinas atrasadas que não conseguira concluir. A exclusão da faculdade o entristeceu, mas nada o abatia por mais que algumas horas e ele resolveu dedicar-se integralmente ao ativismo político.

Madrugadas adentro, Ramphele ajudava Biko a concluir seus artigos, minutos antes da hora fatal de fechamento do boletim. Ele estava convencido da importância política de Soweto, a *township* de mais de um milhão de habitantes na periferia de Johannesburgo, que visitava com frequência. Nessas visitas, não deixava de ir à casa de Winnie, a mulher de Nelson Mandela e destacada liderança do CNA, que também estava proscrita da vida pública.

Organizar, escrever, protestar – tudo acontecia em ritmo acelerado, no vácuo gerado pelo recuo das grandes organizações antiapartheid. Fora da universidade, Biko concluiu que o Movimento de Consciência Negra deveria evoluir como um partido político – a Convenção do Povo Negro (BPC). A organização foi fundada no início de 1973, nos arredores de Pretória, a capital do país. "Homem negro, você está por sua própria conta", era o lema da BCP, que não acreditava na eficácia da estratégia de guerrilha preconizada pelo PAC e se inclinava pelos métodos de resistência pacífica celebrizados por Gandhi.

O passo ousado provocou uma reação imediata do governo, que proibiu oito de seus líderes de participarem de atividades políticas. Biko foi proibido de se mover além dos limites de King William's Town, de falar em público e de escrever em veículos de imprensa ou conceder entrevistas. Diante do banimento, a BPC decidiu elegê-lo a posição de presidente honorário.

O relacionamento triangular de Biko com a companheira e a esposa nunca encontrou solução. Sua primeira filha com Ramphele, Lerato (em sotho, "amor"), nasceu em 1974, num hospital de Johannesburgo, bem longe do perímetro de movimentos do pai, e viveu apenas dois meses e meio, falecendo de pneumonia. Desde a sexta semana de vida, a criança estava sob os cuidados da avó materna, num povoado rural, pois Ramphele conseguira emprego num hospital de King William's Town – o que lhe permitia estar próxima de Biko mas também, conforme rememorou, "ter uma base independente, de modo a não pisar nos pés de sua esposa".[160]

Ramphele chorou no ombro de Biko, falando-lhe da injustiça de perder a única pessoa que lhe pertencia completamente. Biko lembrou-lhe que Lerato era, também, sua filha – uma filha que não tivera a oportunidade de ver nenhuma vez. Khaya representou-o no enterro, em Johannesburgo.

---

[160] RAMPHELE, Mamphela. *Across boundaries: the journey of a South-African woman leader*. Op. cit., p. 89.

"DIT LAAT MY KOUD"

O "Grande Apartheid", concebido no governo de John Vorster, tomou forma com a Lei de Constituição das Pátrias Banto, de 1971, que dispunha sobre a criação de Estados étnicos bantos (bantustões) nas terras reservadas para os "nativos". A iniciativa de retribalização condensava o projeto de esculpir um arquipélago geopolítico formado por inúmeros microEstados que orbitariam em torno do Estado branco sul-africano. No fim do caminho, o regime almejava cassar a cidadania sul-africana dos negros, que se converteriam em "cidadãos" das entidades políticas étnicas.

O novo dispositivo legal, um salto do trampolim da Lei de Autogoverno Banto, de 1959, aplicava o conceito africânder de nação aos "nativos", tomando as singularidades linguísticas e culturais de cada grupo como linhas de divisão entre nações étnicas. Desse modo, o regime tentava interromper a trajetória de integração dos negros à economia urbana e industrial, a fim de sujeitar a história da África do Sul à sua própria vontade. A operação de engenharia social de produção de nações étnicas exigia, a um só tempo, a repressão ao movimento antiapartheid e a cooptação de lideranças políticas negras dispostas a exercer funções governamentais nos bantustões.

Vorster navegou, inicialmente, nas águas calmas do refluxo das grandes organizações antiapartheid. Contudo, em 1975, no rastro do desmoronamento da ditadura salazarista e sob o influxo de guerrilhas comunistas, as colônias portuguesas de Angola e Moçambique obtiveram a independência. Simultaneamente, na Rodésia do Sul (atual Zimbabue), o governo de minoria branca de Ian Smith, reconhecido apenas pela África do Sul, sofria o assédio de movimentos guerrilheiros negros. As notícias provenientes dos países vizinhos espalharamse rapidamente pelas *townships* sul-africanas. Entre os jovens, falavase de Biko e da Consciência Negra. A calmaria chegava ao fim.

No início de 1975, uma norma do Departamento de Educação Banto anunciou uma reforma nas escolas das *townships* destinada a reforçar o ensino em língua africâner, em detrimento do inglês. A partir do ano seguinte, escolas selecionadas passariam a utilizar o africâner nas aulas de matemática e estudos sociais, enquanto o inglês seria reservado para as aulas de ciências e as línguas nativas para as de religião, artes e educação física. Os professores protestaram e o jornal *The World*, de Soweto, perguntou: "Por que nós, habitantes de áreas urbanas, devemos aceitar que enfiem em nossas goelas o africâner, uma língua que não é falada em nenhum outro lugar do mundo (...)?".[161] Durante um ano inteiro, as autoridades ignoraram petições de mestres, associações e pais de alunos. Nas salas das escolas-piloto, adolescentes experimentaram a resistência pacífica, recusando-se a responder em africânder.

A explosão ocorreu na manhã de 16 de junho de 1976, como um protesto organizado em segredo por um comitê estudantil que agia sob inspiração do Movimento de Consciência Negra. Uma multidão de cerca de 10 mil adolescentes marchou pelas ruas de Soweto gritando "Abaixo o africâner!" e, usando o nome do "país negro" sonhado pelos adeptos de Biko, "Viva Azânia!". Alguém jogou uma pedra na barreira policial e um agente de polícia abriu fogo, com munição real. Seguiram-se tiros de armas automáticas, enquanto helicópteros sobrevoavam a área. A violência prosseguiu até o cair da noite, quando quase duas centenas de estudantes jaziam mortos.

O levante de Soweto assinalou o início do lento declínio do apartheid. Três dias depois, uma resolução consensual do Conselho de Segurança da ONU condenou o governo sul-africano pelo assassinato de manifestantes pacíficos. Nos meses seguintes, estudantes organizaram greves na Cidade do Cabo e em Port Elizabeth. Em julho de 1977, perguntaram a Biko se havia indícios de um crescimento do apoio dos jovens à BCP e ele respondeu: "Numa palavra, Soweto! A audácia, a dedicação, o sentido de finalidade e a clareza de análise da situação – todas essas coisas são um resultado direto das

---

[161] NDLOVU, Sifiso Mxolisi. "The Soweto Uprising". IN: *The road to democracy in South Africa – Vol. 2* [1970-1980]. Pretoria: Unisa Press, 2006, p. 331.

ideias de consciência negra entre os jovens de Soweto e de outras partes".[162]

Quando deu essa declaração, aos 30 anos, Biko já era um homem marcado para morrer. Semanas antes, três ex-estudantes negros que receberam treinamento no exterior mataram dois brancos em Johannesburgo. O Movimento de Consciência Negra não tinha relação nenhuma com o atentado, mas o pretexto serviu para uma indiscriminada caça a "terroristas". Em 18 de agosto, Biko foi detido em seu carro e, sob a Lei de Terrorismo, encaminhado para interrogatório em Port Elizabeth. Seguiram-se 22 horas de espancamentos que provocaram graves ferimentos na cabeça. No dia 11 de setembro, em condições críticas, nu e acorrentado na traseira de uma caminhonete policial, o prisioneiro seguiu para um hospital carcerário em Pretória, num trajeto de mais de mil quilômetros. O atestado de óbito tem data de 12 de setembro, pouco após a chegada ao destino.

O governo fabricou a versão de que Biko não resistira aos efeitos de uma greve de fome. Jimmy Kruger, o ministro da Justiça do governo de Vorster, falou sobre o evento num congresso da seção do Partido Nacional do Transvaal, enquanto a notícia corria o país. Ele disse que não estava feliz nem triste, e concluiu: "Dit laat my koud", algo como "isso não me comove", em africâner. Um delegado do congresso deu um passo à frente e elogiou os "princípios democráticos" de Kruger, que conferiam a prisioneiros "o direito democrático de passar fome até a morte".[163]

A mentira durou pouco. O jornalista branco Donald Woods, editor do *Daily Dispatch*, da cidade sul-africana de East London, ativista antiapartheid e amigo de Biko, desvendou a farsa. Ele conseguiu entrar no necrotério com a esposa de Biko e fotografar o cadáver. As imagens, provas incontestáveis de tortura, foram publicadas em seu livro sobre o amigo. O próprio Woods, banido pelo regime, proibido

---

[162] SAMPSON, Anthony. *O negro e o ouro*. São Paulo: Companhia das Letras, 1988, p. 125.

[163] SCHEUB, Harold. *There was no lightning: a conversation about race among South African's storytellers*. Madison: Parallel Press/University of Wisconsin, 2010, p. 198.

212

de trabalhar e sob ameaças, fugiu para Londres, através do Lesotho, e iniciou uma campanha pela imposição de sanções internacionais à África do Sul.

Quando Biko morreu, Ramphele estava grávida do segundo filho do casal, que nasceu em janeiro de 1978. "Eu fiquei radiante quando o vi – um verdadeiro fruto do tronco daquela árvore indomável, uma réplica física exata de seu pai, da cabeça às unhas do pé", escreveu a mãe.[164] O garoto Hlumelo estudou Ciência Política, tornando-se banqueiro de investimentos e filantropo. Ramphele conserva uma conexão política e emocional com o Movimento de Consciência Negra, mas enxerga a África do Sul democrática com olhos muitos diferentes daqueles dos tempos de juventude. Na hora do lançamento de seu partido, um jornalista disparou-lhe as perguntas óbvias sobre raça e políticas raciais. Ela disse que o país "deve ultrapassar as categorias raciais", criticou os programas de preferências de raça na admissão às universidades e concluiu: "Não podemos querer que os jovens sul-africanos se identifiquem como negro ou brancos".[165]

Consciência negra? "Consciência sul-africana", respondeu Ramphele. O que diria Biko, hoje?

---

[164] RAMPHELE, Mamphela. *Across boundaries: the journey of a South-African woman leader*. Op. cit., p. 137.

[165] MCKAISER, Eusebius. "Ramphele more Mazibuko than Biko on questions of race". *Mail & Guardian*, 22 de fevereiro de 2013. http://mg.co.za/article/2013-02-22-00-ramphele-more-mazibuko-than-biko-on-questions-of-race

ANO ZERO

Pol Pot, guerrilheiro e genocida (1925-1998)

Elizabeth Becker, do *New York Times*, viajou acompanhada por outro jornalista americano e por James Malcolm Caldwell, filho de um trabalhador das minas de carvão, um acadêmico britânico marxista que se notabilizava por ensaios e artigos em defesa da "revolução agrária" do Khmer Vermelho, o partido comunista cambojano. Eles passaram duas semanas no Camboja, que era então a República Democrática do Kampuchea, envolvidos na "bolha" do controle oficial. Quadros comunistas e policiais vigiavam os visitantes dia e noite, tradutores designados pelo governo intermediavam rápidas conversas com cambojanos que davam respostas vazias com expressões de temor estampadas nos rostos.

No 22 de dezembro de 1978, "uma bela tarde ensolarada em Phnom Penn", último dia da visita, o grupo foi recebido por Pol Pot, "sentado como um rei à frente das janelas que se estendiam do teto ao chão", no antigo palácio do governo colonial francês. O encontro não foi uma entrevista, mas uma conferência. O líder cambojano – "realmente elegante, com um sorriso amável e olhos delicados, alertas", "vestido impecavelmente num traje cinza ao estilo Mao", "com mãos especialmente refinadas, seus gestos quase graciosos" – falou sem parar.[166]

---

[166] BECKER, Elizabeth. "Pol Pot remembered". BBC News, 20 de abril de 1998. http://news. bbc.co.uk/2/hi/programmes/from_our_own_correspondent/81048.stm

Os tambores da guerra com o Vietnã soavam há um ano, e três dias depois seria deflagrada a grande ofensiva vietnamita. Pol Pot disse que os Estados Unidos, os europeus e a OTAN interviriam em defesa do Camboja, contra o Vietnã e sua aliada, a União Soviética. "Eu saí convencida de que ele era um demente. Naquela noite, pouco antes da meia-noite, minha observação foi justificada. Enquanto dormíamos num alojamento para convidados governamentais, soldados armados do regime irromperam sobre nós, ameaçando-me e assassinando o professor Caldwell no seu quarto."[167]

Desde que Pol Pot se instalara no poder, era a primeira vez que observadores independentes tinham a oportunidade de, através de uma fresta estreita, olhar o Camboja. Antes, com a exceção notável de uma competente, honesta e curiosa equipe de televisão iugoslava, só haviam sido admitidos no país jornalistas selecionados por sua fidelidade absoluta ao regime do Khmer Vermelho. Becker viajou para Pequim na manhã seguinte, levando o caixão de Caldwell e rememorando as cenas de puro horror que acabara de vivenciar.

Pol Pot era insano? Ele tomou as rédeas do Camboja em abril de 1975, no vagalhão dos triunfos comunistas nos três países da Indochina, e governou como um tirano sedento de sangue até janeiro de 1979, quando seu regime foi derrubado pelas forças vietnamitas invasoras. Naqueles quatro anos, a "revolução agrária" de Pol Pot, um cortejo de epidemias e fome deixou um saldo jamais contabilizado de vítimas. O número de mortos oscila, dependendo da fonte, em torno de 1,5 milhão, numa população total pouco superior a oito milhões. Mais de 200 mil pessoas foram executadas como "inimigos de classe". Há, sempre, alguma insanidade nos genocidas, mas a hipótese tem dois defeitos fundamentais.

Em primeiro lugar, é uma hipótese imoral, pois equivale, de certo modo, a uma justificativa da barbárie: nos tribunais, os insanos não

---

[167] BECKER, Elizabeth. "Pol Pot remembered". Op. cit.

recebem as penas reservadas aos criminosos "normais". Pol Pot e os restos do Khmer Vermelho embrenharam-se nas florestas e sustentaram uma nova guerra de guerrilha durante 17 anos. Em 1996, sob assédio das forças da coalizão de governo, os guerrilheiros começaram a desertar e o grupo se dividiu. Son Sen, o lugar-tenente de Pol Pot, ensaiou negociar a paz – e, por isso, acabou executado, junto com toda a sua família. Em meio à desordem, Pol Pot fugiu, acompanhado por um punhado de fiéis incondicionais. Logo, foi capturado por Ta Mok, um antigo líder do Khmer Vermelho, submetido a um julgamento-espetáculo na selva e condenado à prisão perpétua. Em 16 de abril de 1998, Ta Mok anunciou que aceitava entregá-lo para julgamento num tribunal internacional – com a condição irrealista de que Hun Sen, o chefe de governo instalado pelo Vietnã, também enfrentasse a corte. Pol Pot jamais teria um julgamento digno desse nome pois, na mesma noite, morreu misteriosamente.

A hipótese de insanidade é, também, intelectualmente frouxa, pois a suposição suprime a necessidade de investigar as fontes do mal. Pol Pot não pode ser descrito como um senhor da guerra, um "selvagem" ou um "bárbaro". Tal como Hitler, Stalin e Mao, os grandes genocidas do século XX, o líder cambojano operava a partir de uma visão ideológica. Os campos da morte do Camboja figuraram como componentes de um experimento de engenharia social que começou muito antes da tomada do poder. O experimento pode até ser nomeado pelo termo "comunista", mas isso seria uma simplificação extrema. Ao lado de uma singular concepção do comunismo, Pol Pot agia em nome de ideias ligadas à nação e à raça.

EM TORNO DO PALÁCIO REAL

Adotar um nome de guerra é expediente comum entre militantes radicais, destinado a ocultar a identidade diante da polícia. O nome Pol Pot, porém, não surgiu durante as décadas de militância revolucionária, mas apenas no momento em que o líder do Khmer Vermelho chegou ao poder. De modo bizarro, ele anunciou o *nom de guerre* em 1976, "ocultando sua identidade anterior da nação que começava a governar".[168] "Pol Pot" pode ser uma abreviação de "Politique Potentielle" (Potencial Político). Segundo uma versão alternativa, não confirmada, o "Pol" inspirou-se no povo Pol, um grupo de aborígenes cambojanos, e "Pot" surgiu apenas porque soava bem. De qualquer modo, demorou quase um ano até que os especialistas identificassem seguramente Pol Pot como Saloth Sar, o secretário-geral do Partido Comunista Cambojano desde 1963.

Pol Pot descreveu-se, numa entrevista, como filho de camponeses pobres. Saloth Sar nasceu em 1925, segundo ele mesmo e seus parentes, mas em 25 de maio de 1928, segundo registros coloniais franceses produzidos no início da década de 1950, no povoado de Prek Sbauv, próximo à capital da província de Kompong Thom, entre matas e campos de arroz. Seu pai, cambojano étnico, não era pobre, mas um agricultor próspero que cultivava nove hectares de arroz, possuía um rebanho razoável e morava numa casa coberta com telhas.

A família estabeleceu conexões com o Palácio Real nos anos derradeiros do reinado de Sisowath I. O rei Sisowath, que se subordinava ao governo colonial, ocupou o trono cambojano entre 1904 e 1927. Meak, uma prima de Sar, ingressou no balé real e alcançou uma posição de destaque na hierarquia feminina do palácio. Roeung, uma irmã mais velha, se tornou concubina do príncipe Sisowath Monivong, entronizado em 1927, e Loth Suong, o mais velho dos irmãos, assumiu um cargo de escriturário no Palácio Real. Em meados da década de 1930, Sar e um de seus irmãos foram morar em Phnom Penh, sob os cuidados de Meak e Suong. Com cerca de dez anos, o garoto ingressou na condição de aprendiz num convento budista. Nele, com a cabeça raspada e trajando túnica amarela, o futuro ateísta fanático aprendeu os rudimentos da religião.

[168] CHANDLER, David P. *Brother Number One: a political biography of Pol Pot.* Boulder: Westview Press, 1999, p. 7.

A Phnom Penh da época tinha 100 mil habitantes. Metade de sua população era constituída por chineses e vietnamitas étnicos, que dominavam o comércio. O governo colonial francês estimulava a imigração vietnamita, especialmente dos indivíduos mais versados na língua francesa, que eram incorporados à administração colonial. Os cambojanos étnicos concentravam-se ao redor do palácio e viviam como monges budistas, burocratas do palácio real, artesãos ou agricultores. O garoto Sar conheceu de perto o palácio e, em particular, o corpo de balé com seus trezentos dançarinos que se exibiam sempre à noite, em festas religiosas ou recepções de convidados reais, representando histórias da mitologia indiana ao som de flautas, xilofones e instrumentos de cordas. Quatro décadas mais tarde, no curso do programa de supressão do passado monárquico e colonial, seu regime dissolveu o corpo de balé.

Sar logo deixou o convento, para fazer seus estudos primários na École Miche, uma escola católica próxima ao palácio na qual permaneceria até 1942. Por aqueles anos, emergia um moderado nacionalismo cambojano, que se articulava em torno do jornal *Nagara Vatta*, escrito na língua khmer e editado por Son Ngoc Thanh, Sim Var e Pach Chhoeun, três jovens do Instituto Budista. O jornal pregava um renascimento das glórias do império Angkor, que floresceu no Camboja setentrional entre os séculos IX e XIII. Com seus magníficos canais de irrigação e centenas de templos budistas e hindus, Angkor fora redescoberto pela arqueologia francesa e era celebrado num museu que abriu suas portas em 1920. Os franceses contrastavam o grandioso passado khmer ao presente desolador de um povo "atrasado". Os jovens nacionalistas extraíam desse contraste o imperativo de restaurar, pela educação, o senso de identidade khmer.

O Partido Comunista da Indochina foi fundado em 1930, pelo vietnamita Ho Chi Minh. Em tese, o partido atuava nas três colônias indochinesas da França (Vietnã, Laos e Camboja), mas sua coluna vertebral estava no Vietnã. Nos primeiros dois anos, os comunistas instigaram rebeliões camponesas locais e perpetraram alguns assassinatos de autoridades coloniais no Vietnã, mas nada aconteceu no Camboja.

O cenário mudou dez anos depois, quando a ocupação alemã da França enfraqueceu a administração colonial na Indochina, abrindo caminho para a Guerra Franco-Tailandesa. Os tailandeses ocuparam parte do norte do Camboja e, em seguida, firmaram um pacto com o Japão. Na perigosa conjuntura, morreu o rei Monivong e o governo colonial escolheu para sucedê-lo um neto de 19 anos, Norodom Sihanouk. O neto cursava o ensino médio num liceu em Saigon, no sul do Vietnã, e parecia mais fiel aos franceses que o herdeiro natural do trono, Sisowath Monireth.

A estratégia francesa consistia em modernizar a administração colonial, incorporando cambojanos étnicos em suas estruturas para criar uma elite nativa fiel à França. Uma das iniciativas foi a criação de um colégio (*collège*) em Kompong Cham, a terceira cidade cambojana, batizado em honra de Sihanouk. A primeira turma seria formada por 20 estudantes selecionados nas províncias dos arredores e, entre eles, estava Sar. O jovem mudou-se de Phnom Penh mais ou menos no momento em que se realizou, em julho de 1942, uma inaudita demonstração antifrancesa na capital. Chhoeun, um dos líderes do protesto, foi preso; o outro líder, Thanh, conseguiu escapar e obteve asilo do imperador japonês, mudando-se para Tóquio.

Chhoeun permaneceu apenas três anos no cárcere da ilha de Poulo Condore, mas saiu devastado e nunca mais desempenhou papéis políticos relevantes. Thann voltou para o Camboja no pós-guerra, foi preso pelos franceses e sentenciado à morte, mas perdoado a pedido de Sihanouk. Já idoso, ele ainda participaria do golpe de Estado de Lon Nol, em 1970. Sim Var, o terceiro líder nacionalista, não estava no protesto. No final da década de 1950, por cerca de dois anos, durante o reinado de Norodom Suramarit, ele ocupou o posto de primeiro-ministro e mais tarde, como desejava, foi nomeado embaixador no Japão.

No Collège Sihanouk, com Sar, estudaram Hu Nim e Khieu Samphan, que ocupariam cargos destacados no futuro regime comunista. Mas o melhor amigo de Sar chamava-se Lon Non, cujo irmão mais velho, Lon Nol, presidiria o Camboja e seu regime seria derrubado pelos guerrilheiros comunistas de Pol Pot. Na hora da derrota, Nol fugiu do país. Non, por sua vez, permaneceu, acreditando que a amizade dos tempos de adolescência contaria a seu favor. Não contou: ele foi capturado e executado em 48 horas.

UMA TEMPORADA EM PARIS

Em março de 1945, os japoneses pressionaram as autoridades tradicionais na Indochina Francesa a declarar a independência. Sihanouk curvou-se ao novo poder, Thanh retornou de Tóquio e tornou-se ministro do Exterior, os guerrilheiros comunistas do Vietminh começaram a distribuir armas para seguidores nas selvas cambojanas. Após a derrota japonesa, em setembro, a França restaurou seu poder colonial e conservou Sihanouk no trono, mas prendeu Thanh e processou-o como traidor. Sar não participou da agitação política do período. Em 1947, transferiu-se para uma escola técnica em Phnom Penh e, no ano seguinte, não conseguiu passar nos exames de admissão do prestigioso Liceu Sisowath, no qual entraram seus colegas Nim e Samphan.

Apesar disso, talvez graças às suas conexões com a família real, Sar ingressou num seleto grupo pioneiro de cem jovens enviados à França com bolsas de estudo do governo. Em Paris, ele se matriculou numa escola técnica de engenharia eletrônica, aproximou-se do Partido Comunista Francês e ingressou no Círculo Marxista, uma célula partidária que controlava a associação de estudantes cambojanos. Pouco depois, também com um bolsa de estudos, chegou a Paris o amigo Ieng Sary, um estudante brilhante, de família próspera, que cursara o Liceu Sisowath. Sary participara ativamente das agitações que acompanharam o fim da guerra mundial. Sar, ao contrário, não tinha nenhuma experiência política prévia. Os nomes de Sar e Sary estavam, ao lado dos de outros esquerdistas, numa carta pública dirigida ao rei Sihanouk, em 1952, que o qualificava como "estrangulador da jovem democracia cambojana".

A temporada parisiense terminou em 1953, pois Sar foi reprovado nos exames em três anos consecutivos. "Como usei muito tempo em minhas atividades radicais, não compareci à maioria das aulas", ele explicaria em 1976 à agência oficial de notícias do Vietnã.[169] Os estudos não o interessavam, mas ele aprendeu rápido as regras do movimento comunista, aproximando-se dos dirigentes franceses e prontificando-se a servir como elemento de ligação com os comunistas cambojanos. Durante o decênio seguinte, em Phnom Penh, dedicou-se a operar na interface entre os partidos de esquerda legais e o clandestino Partido Revolucionário do Povo Khmer (PRPK), organização oriunda da tripartição, em bases nacionais, do Partido Comunista da Indochina.

A independência das antigas colônias na Indochina foi consagrada pelos Acordos de Genebra, de 1954, firmados após a derrota das forças francesas diante da guerrilha comunista do Vietminh. O Vietnã foi dividido em dois Estados rivais. No Camboja, Sihanouk conservava a ordem política manobrando com as divergências entre os partidos, reprimindo os comunistas e dirigindo os resultados eleitorais. O PRPK dividiu-se em duas facções inconciliáveis. Uma delas, sob influência vietnamita e baseada nas cidades, queria preservar a autoridade real, argumentando que Sihanouk personificava a independência cambojana e mantinha o país fora da área de influência dos Estados Unidos. A outra, baseada no campo, pregava a derrubada da monarquia e a revolução agrária. Sar não era, ainda, um dirigente, mas alinhava-se com a facção antimonárquica e antivietnamita.

---

[169] MYDANS, Seth. "Pol Pot, brutal dictator who forced cambodians to killing fields, dies at 73". *The New York Times*, 17 de abril de 1998. http://www.nytimes.com/1998/04/17/world/death-pol-pot-pol-pot-brutal-dictator-who-forced-cambodians-killing-fields-dies.html?pagewanted=all&src=pm

Na temporada em Paris, Sar conheceu a cambojana Khieu Ponnary, cinco ou seis anos mais velha que ele, oriunda de uma família de posses. Ponnary frequentara o Liceu Sisowath e estudava linguística khmer. Sua irmã mais nova, Khieu Thirith, que também frequentava a universidade em Paris, estudava a dramaturgia de Shakespeare. Ponnary e Thirith eram as primeiras mulheres cambojanas com acesso à educação superior no estrangeiro. Thirith casou-se na França com Sary, em 1951. Sar e Ponnary casaram-se no Camboja, em 1956. Bem mais tarde, nos anos do regime do Khmer Vermelho, Sar, Sary e as duas irmãs ficariam conhecidos como a "Gangue dos Quatro", numa referência irônica ao grupo de radicais maoístas liderado na China por Jiang Qing, a viúva de Mao Tsétung.

Ponnary "não usava joias ou maquiagem, cortava o cabelo no estilo tradicional chinês e preferia roupas escuras".[170] Um ano depois do casamento, ela operou com sucesso um câncer no útero, mas ficou sabendo que não poderia ter filhos. Os indícios de esquizofrenia apareceram já em 1960, talvez antes. Ela desenvolveu uma doentia fixação pelos vietnamitas, que lhe pareciam uma ameaça existencial. Tinha certeza de que esses terríveis inimigos conspiravam contra todos os cambojanos e, em especial, pretendiam matá-la e a seu marido. Em 1978, num comício do regime de Pol Pot, foi apresentada ao povo como "a mãe da Revolução". Aos sussurros, as pessoas a qualificavam como a "velha virgem". Logo depois, desapareceu da cena, provavelmente enviada a uma instituição psiquiátrica na China.

Samphan estudou economia em Paris por quase toda a década de 1950 e defendeu uma tese de doutorado que, inspirada pela teoria da dependência, sustentava a ideia de um Camboja autossuficiente. Antes dele, seu camarada Hou Yuon, também na França, defendera

---

[170] SAMBATH, Thet. "Sister Nº 1: The Story of Khieu Ponnary, Revolutionary and First Wife of Pol Pot". *The Cambodia Daily*, 20-21 de outubro de 2001. http://www.camnet.com.kh/cambodia.daily/selected_features/khiev.htm

tese sobre o lugar central dos camponeses no desenvolvimento futuro do Camboja. Os temas cruciais da doutrina do Khmer Vermelho estavam expostos naqueles textos acadêmicos. Sar passou longe dessas formulações ideológicas. Naqueles anos, ele ensinava história e literatura francesa num colégio privado em Phnom Penh, enquanto Ponnary dava aulas no Liceu Sisowath. Os testemunhos, de antigos estudantes, falam de um professor "sereno, polido, despretensioso, honesto e humano".[171]

AEKDREACH MACHASKAR

Um ano decisivo é 1962. Em janeiro, o governo de Sihanouk aprisionou a liderança do partido Pracheachon, que funcionava como guarda-chuva legal dos comunistas. O rei acusava o partido de representar os interesses do Vietcong, a guerrilha comunista que, sob os auspícios do Vietnã do Norte, ampliava suas ações no Vietnã do Sul. Em julho, o governo prendeu o líder clandestino dos comunistas cambojanos, Tou Samoth, que foi assassinado no cárcere. Subitamente, o caminho estava aberto: na clandestinidade, e com o movimento revolucionário decepado, Sar tornou-se o novo secretário-geral.

A Guerra do Vienã, pano de fundo dos eventos no Camboja, ganhou dimensões dramáticas com a escalada militar americana, em 1964. Sob Sar, o pequeno, frágil grupo de comunistas cambojanos buscou apoio do Vietnã do Norte, que ajudou a estabelecer bases guerrilheiras numa zona de fronteira. Sihanouk estendia as ações repressivas nas cidades, o que provocava um fluxo de novos militantes para as bases guerrilheiras. Em 1965, Sar viajou a Hanói com a finalidade de obter apoio para deflagrar uma insurreição, mas os norte-vietnamitas condenaram o plano. O Camboja não só se mantinha neutro no confli-

---

[171] SHORT, Philip. *Pol Pot: anatomy of a nightmare.* Nova York: Henry Holt and Company, 2006, p. 120.

to vietnamita como, discretamente, oferecia apoio logístico ao Vietnã do Norte.

No seu retorno, Sar promoveu a reviravolta crucial na política dos comunistas. Seu partido foi rebatizado como Partido Comunista do Kampuchea (PCK), um nome que simbolizava a ruptura com a tradição do comunismo indochinês e tinha fortes ressonâncias étnicas. A ideia de "autossuficiência", a estratégia da revolução agrária e uma profunda aversão aos vietnamitas passaram a orientar o comunismo cambojano. Na época, as expressões Khmer Vermelho e Angkar (a Organização) converteram-se em denominações alternativas para o PCK. No início de 1966, revoltas camponesas eclodiram em diferentes lugares do país, como decorrência dos baixos preços pagos pelo governo na aquisição de arroz. Os acontecimentos pegaram de surpresa o Khmer Vermelho, que mantinha ligações muito tênues com o campesinato.

A agitação no campo não se reduziu e, no início de 1968, o PCK deflagrou, finalmente, a luta armada, com um ataque a uma base militar nos arredores da capital provincial de Battambang. Sar convertera-se no líder autocrático do Khmer Vermelho. No quartel-general da guerrilha, ele dispunha de um alojamento separado e cercava-se de seguranças próprios. Seu movimento contava apenas com duas ou três centenas de guerrilheiros mas, no lugar do afável, sóbrio e polido professor, já começava a surgir a figura de um déspota.

A insurgência não levantaria voo sem uma mudança de fundo no cenário político. Para sorte de Sar, as placas tectônicas que sustentavam a ordem afundaram de repente no início de 1970, quando o rei entrou em choque com seu governo sobre o delicado tema do Vietnã. Durante uma viagem real à China, o parlamento cambojano aceitou uma solicitação do governo e removeu Sihanouk do cargo de chefe de Estado, substituindo-o pelo general Lon Nol. O rei reagiu costurando uma aliança com os chineses e os norte-vietnamitas. Então, com o apoio do Vietnã do Norte, Sihanouk declarou em emissão radiofônica seu apoio à insurreição do Khmer Vermelho. Nos dois anos seguintes, sucederam-se ataques norte-vietnamitas contra forças cambojanas e adeptos do rei juntaram-se à guerrilha.

O Khmer Vermelho desempenhou papel marginal nessa fase dos combates, mas converteu-se, graças aos suprimentos militares da China, em força guerrilheira relevante. Sar não se deixou conduzir pelo fluxo dos eventos, manobrando para conservar a autonomia de seu partido. Os novos recrutas da guerrilha só ingressavam na sua organização política após uma extensiva doutrinação, que enfatizava o princípio da "autossuficiência". No início de 1972, o Khmer Vermelho contava com 35 mil soldados em uniforme, além de cerca de 100 mil tropas irregulares, e controlava áreas crescentes do país. Nos territórios "liberados", uma reforma agrária aboliu o uso familiar da terra, subordinando os camponeses a cooperativas dirigidas pelos comunistas. Também foram criadas normas de vestimenta baseadas em padrões tradicionais khmer e ensaiou-se a repressão contra minorias étnicas.

Sar imaginava que os camponeses aprenderiam aos poucos a doutrina do partido, por meio do *karchreap*, o "gotejamento" de ideias propiciado pela doutrinação cotidiana. A influência estrangeira seria contida pela aplicação da linha de *aekdreach machaskar*, assim explicada pelo ex-militante comunista Haing Ngor:

> *O conceito chave da nova sociedade, como aprendíamos todo o tempo em sessões de propaganda, era independência-autoridade. Uma palavra feita de duas, independência-autoridade. Para o Kampuchea Democrático, isso significava ser absolutamente livre de outros países – livre da ajuda deles e mesmo de suas influências culturais. Nós, khmers, faríamos tudo com nossas forças.*[172]

Nos dois anos anteriores à queda de Phnom Phen, o Khmer Vermelho controlava dois terços do Camboja e mantinha a capital sob

---

[172] HINTON, Alexander Laban. *Why did they kill?: Cambodia in the shadow of genocide*. Berkeley/Los Angeles: University of California Press, 2005, p. 51.

um sítio mais ou menos efetivo. Diversas cidades médias estavam nas mãos dos comunistas – e Sar tentou aplicar a elas uma ordem similar à imposta nas áreas rurais. O plano, contudo, não funcionava nesses sistemas sociais mais complexos, marcados pela presença do comércio, do artesanato e das instituições religiosas. Ele forçou a mão, promovendo expurgos e aprisionando os recalcitrantes.

Depois disso, apelou a soluções ainda mais radicais. Em Katie, uma capital provincial, ordenou a transferência de toda a população urbana para o meio rural. Na sequência, evacuou 15 mil pessoas de Kompong Cham, a cidade na qual estudara. Por fim, em 1974, esvaziou Oudong, a 40 quilômetros de Phnom Penh, uma cidade pontilhada de antigos templos, centro político dos reis khmer entre os séculos XVII e XIX. As árvores do genocídio estavam plantadas antes do fim da guerra, no ano em que a Assembleia-Geral da ONU decidiu, por estreita margem, reconhecer o Khmer Vermelho como o governo legítimo do Camboja.

"CORPOS CAMBOJANOS EM MENTES VIETNAMITAS"

Phnom Penh caiu em abril de 1975. Samphan foi nomeado chefe de Estado e Sar, primeiro-ministro. O governo comunista declarou o início de uma era histórica, pela instituição de um novo calendário: começava o "Ano Zero", indicação simbólica da decisão de erradicar a história cambojana. Sob a inspiração óbvia, mas não declarada, da Revolução Francesa, o regime criou um novo mês de trabalho, dividido em três semanas de dez dias, com um dia de descanso entre elas.

As primeiras matanças tinham como alvos os políticos e militares do regime deposto, assim como centenas de seus apoiadores na administração pública. Logo, porém, a pulsão sanguinária voltou-se contra as "novas pessoas", como foram denominados os refugiados que, nos anos anteriores, haviam migrado para as cidades com a finalidade de escapar ao controle do Khmer Vermelho nas áreas rurais. A ordem de evacuação forçada de Phnom Penh começou a ser posta em prática quase imediatamente. A evacuação foi justificada como medida transitória, destinada a contornar o espectro da fome na capital, mas tinha raízes na obsessão de inventar uma sociedade absolutamente igualitária.

Dois milhões deixaram Phnom Penh a pé, sob a mira de fuzis. Cerca de 20 mil morreram no trajeto até os campos de trabalho. Nas plantações de arroz coletivizadas, o dia de trabalho começava às 4 da manhã e prosseguia até 10 da noite, com dois períodos de descanso. Vigiados por soldados, os trabalhadores famintos eram proibidos de comer as frutas e os grãos que cultivavam, recebendo apenas rações de 180 gramas de arroz a cada dois dias. Nos "campos da morte", realizavam-se execuções aleatórias, motivadas por infrações disciplinares, mas a mortandade em massa decorreu de enfermidades associadas à subnutrição. O genocídio cambojano é a soma de uma série imensa de catástrofes humanas derivadas de uma utopia grandiosa.

A nova constituição, adotada em janeiro de 1976, que legalizou a criação da República Democrática do Kampuchea, incorporou um decreto de 1973 do Khmer Vermelho definindo a nação como expressão exclusiva dos khmer. Pouco depois, Sihanouk foi colocado em prisão domiciliar. Pol Pot anunciou seu nome de guerra e pronunciou um discurso em que prometia "quebrar" os inimigos da nação. Os cambojanos foram oficialmente divididos em três grandes categorias: o povo, base teórica do poder comunista; os "candidatos", que deveriam ser "retificados" ideologicamente, e as "novas pessoas", destinadas à eliminação. Era a senha para a deflagração de uma segunda etapa de massacres.

Uma etnia, uma língua, uma raça – esse princípio figurou como base para a perseguição às minorias de origem vietnamita, chinesa, tailandesa e cham. Aparentemente, nunca existiu uma ordem central de extermínio étnico. A perseguição às minorias realizou-se desigualmente, no tempo e no espaço, ao sabor de circunstâncias regionais ou locais. A China funcionou como principal pilar geopolítico do regime de Pol Pot, mas quase 225 mil chineses étnicos, de um total de 400 mil, pereceram nas sucessivas ondas do genocídio. Diversos analistas enfatizam que a etnia não emergia como argumento direto para as perseguições e que a imensa maioria das vítimas pereceu como decorrência de decisões políticas de evacuação de cidades ou em consequência das condições desumanas de trabalho forçado nas cooperativas agrícolas. Contudo, o princípio "cultural" geral esclarece a intensidade maior da perseguição às minorias étnicas.

O raiar do dia de 8 de abril de 1976 foi abalado por explosões de granada e tiros de fuzil próximos a um complexo onde viviam dirigentes do Khmer Vermelho, em Phnom Pehn. Chan Chakrei, um alto chefe militar, foi responsabilizado pela suposta rebelião, aprisionado e interrogado sob tortura. Chakrei produziu as esperadas confissões, que implicavam dezenas de líderes comunistas. O evento abriu uma série de expurgos no interior do partido único. Novas prisões geravam confissões frescas e renovavam o ímpeto da campanha de "limpeza interna". Caracteristicamente, as revelações dos interrogados não apontavam para traidores individuais, mas para "cordões de traidores". Pol Pot temia, acima de tudo, as redes locais de clientela política que ameaçavam a fidelidade exclusiva ao centro dirigente.

Cerca de 17 mil expurgados passaram pelo Centro Tuol Sleng, a prisão S-21, estabelecida no edifício de um antigo colégio de Phnom Pehn, hoje um museu do genocídio. As torturas eram conduzidas por jovens militantes fanatizados. Do S-21, os prisioneiros seguiam para a morte em campos situados na zona rural, nos arredores da capital. Picaretas eram as ferramentas preferidas para execuções. Covas coletivas serviam para enterrar os cadáveres. Bou Meng, um dos poucos sobreviventes do S-21, parece ter sido poupado graças às suas habilidades de pintor. No centro de detenção, ele pintou quatro retratos de Pol Pot. "Angkar tem olhos como os de uma ananás; ela nunca captura a pessoa errada", ouviu Meng antes de começar a pintar.[173]

No poder, a paranoia de Pol Pot sobre sua segurança tornou-se ainda mais aguda. O líder despótico fazia apenas raras aparições públicas, mudava constantemente de residência e enxergava complôs em todos os lugares. Uma dor de estômago conduziu-o à conclusão de que seus cozinheiros tentavam envená-lo. Uma queda de luz de seu complexo residencial deflagrou a ordem de execução dos funcionários encarregados da manutenção. Em dezembro de 1976, Pol Pot pronunciou o discurso sobre os "micróbios", ou seja, os traidores ainda ocultos nas estruturas do partido único, e os "intelectuais", um rótulo abrangente aplicado a todos os que não realizavam trabalhos braçais. No ano seguinte, ondas de expurgos, prisões e execuções quebraram a espinha dorsal de Angkar. Na hora da invasão vietnamita, o Khmer Vermelho perdera a capacidade de resistir.

Uma revolta de comunistas cambojanos dissidentes eclodiu no leste do país em maio de 1978, quando as forças do Vietnã começavam a operar nas faixas de fronteira. No dia 10, em emissão radiofônica, Pol Pot conclamou o Khmer Vermelho a "exterminar os 50 milhões de vietnamitas" e também a "purificar as massas do povo do Camboja" pela eliminação de 1,5 milhão de habitantes das zonas orientais, definidos como "corpos cambojanos em mentes vietnamitas".[174] O Vietnã e os vietnamitas constituíam, para Pol Pot, a expressão acabada do mal. "Purificar" os cambojanos significava extirpar as influências alienígenas – isto é, sobretudo, vietnamitas. No pensamento racial do déspota, o povo khmer era uma obra política e ideológica em permanente construção.

[173] HUY, Vannak. "Bou Meng, survivor of S-21". *Searching for Truth*. Documentation Center of Cambodia. Special English Edition, abril 2003, p. 24. http://www.d.dccam.org/Projects/Magazines/Image_Eng/pdf/1st_Quarter_2003.pdf

[174] KIERNAN, Ben. "The Original Cambodian". *New Internationalist*, n. 242, abril de 1993. http://newint.org/features/1993/04/05/original/

232

Pol Pot passou a ser tratado como Irmão Número Um anos antes de chegar ao poder. Contudo, um verdadeiro culto à sua personalidade só começou a emergir no final de seu regime. No final de 1978, apareceu em Kompong Thom um cartaz com o rosto do líder. Loth Suong descobriu, então, que o temido déspota era seu irmão mais novo – e, petrificado, guardou silêncio. Saloth Chhay, irmão de ambos, havia sido executado pelo regime em 1975. Duas décadas depois da invasão vietnamita, o velho Pol Pot aprisionado por seus camaradas, concedeu uma entrevista na selva ao jornalista americano Nate Thayer. Sentado diante de uma mesa de madeira, numa cabana perto das montanhas Dangrek, com um sorriso triste e a respiração ofegante, ele reconheceu "erros" genéricos, mas qualificou o museu de Tuol Sleng como uma exposição de propaganda vietnamita e defendeu seu legado:

Eu não rejeito responsabilidades – nosso movimento teve seus equívocos, como qualquer outro movimento no mundo. Mas havia outro aspecto, que estava fora de nosso controle: as atividades inimigas contra nós. Quero dizer-lhe que fico muito satisfeito com uma coisa: se não tivéssemos persistido em nossa luta, o Camboja teria se convertido em outro Kampuchea Krom em 1975.

Kampuchea Krom é o nome de uma área do delta do rio Mekong perdida pelo império khmer para o Vietnã no século XVII. Na entrevista, Pol Pot rejeitou as evidências sobre o genocídio – e culpou os vietnamitas pela crise de fome: "Dizer que milhões morreram é demasiado. Outro aspecto que você deve saber é que existiam agentes vietnamitas. Havia arroz, mas eles não deram arroz para a população."[175]

Sary, que servira como ministro do Exterior de Pol Pot, foi o negociador da rendição final do Khmer Vermelho. Depois, voltou

---

[175] THAYER, Nate. "Pol Pot: Unrepentant". *Far Eastern Economic Review*, 30 de outubro de 1997. http://natethayer.typepad.com/blog/2011/11/pol-pot-unrepentant-an-exclusive-interview-by-nate-thayer.html

a Phnom Penh, foi preso em 2007 e processado, junto com Thirith, num tribunal da ONU para crimes contra a humanidade cometidos no Kampuchea Democrático. Em 2013, antes do veredicto final, morreu em consequência de complicações cardíacas. Sofrendo do Mal de Alzheimer, Thirith foi libertada dois anos antes. Ponnary morreu em 2003. Ela passou seus anos derradeiros na casa de Sary, em Phnom Penh, sem saber que Pol Pot voltara a se casar em 1985, incapaz de reconhecer qualquer pessoa à sua volta, completamente esquecida da tragédia humana provocada pelo regime de seu ex-marido.

"Mesmo agora, e você pode olhar para mim, seria eu uma pessoa violenta?", perguntou Pol Pot a Thayer na célebre entrevista. Em 9 de junho de 2013, um domingo, 10 mil cambojanos protestaram em Phnom Penh e vários outros milhares nas cidades provinciais contra declarações atribuídas a Kem Sokha, dirigente de um partido oposicionista, que teria classificado a prisão de Tuol Sleng como uma fabricação propagandística vietnamita. Sokha negou que tivesse dito aquelas coisas, acusando o governo de tentar intimidar seus adversários políticos. No Camboja, ninguém quer ser identificado publicamente com o Irmão Número Um.

BIBLIOGRAFIA

AKHAVI, Shahrough. "Sayyid Qutb: the poverty of philosophy and the vindication of islamic tradition". IN: MARDIN, Serif (Ed.). *Cultural transitions in the Middle East*. Leiden: Brill, 1993.

ANÔNIMO. *The lives of Hasan al Banna & Syed Qutb*, p. 17. http://pt.scribd.com/doc/24877498/The-Lives-of-Hasan-Al-Banna-and-Syed-Qutb

ASH, Timothy Garton. "Why Orwell Matters". *Hoover Digest*, n. 4, 2001. http://www.hoover.org/publications/hoover-digest/article/6275

AUST, Steven. *Baader-Meinhof: the inside story of the RAF*. Londres: The Bodley Head, 2008.

BECKER, Elizabeth. "Pol Pot remembered". BBC News, 20 de abril de 1998. http://news.bbc.co.uk/2/hi/programmes/from_our_own_correspondent/81048.stm

BERGHAUS, Gunter. *Futurism and politics: between anarchist rebellion and fascist reaction, 1909-1944*. Oxford: Berghahn Books, 1996.

BIKO, Steve. *I write what I like: a selection of his writings*. Johannesburg: Heinemann, 1987.

BRAUN, Emily. "Mario Sironi and Italian Modernism". Cambridge: Cambridge University Press, 2000, p. 1. http://catdir.loc.gov/catdir/samples/cam032/99030408.pdf

BRUCE, John Edward. "Organized resistance is our best remedy" (1889). BlackPast.org. http://www.blackpast.org/?q=1889-john-e-bruce-organized-resistance-our-best-remedy

BULHAN, Hussein Abdilahi. *Frantz Fanon and the psychology of oppression*. Nova York: Plenum Press, 1985.

BURGER, Peter. *Theory of the Avant-garde*. Manchester: Manchester University Press, 1984.

CALBUCCI, Eduardo. "Marinetti e Mário: (des)conexões entre o Manifesto Técnico da Literatura Futurista e o 'Prefácio Interessantíssimo'". *Revista USP* n. 79, setembro/novembro 2008.

CHANDLER, David P. *Brother Number One: a political biography of Pol Pot*. Boulder: Westview Press, 1999.

COLVIN, Sarah. *Ulrike Meinhof and West German terrorism*. Nova York: Camden House, 2009.

CROWDER, Ralph L. "'Grand old man of the movement': John Edward Bruce, Marcus Garvey and the UNIA". *Afro-Americans in New York Life an History*, Afro-American Historical Association of the Niagara Frontier, 1 de janeiro de 2003. http://www.thefreelibrary.com/Afro-Americans+in+New+York+Life+and+History/2003/January/1-p5188

DREHLE, David Von. "A lesson in hate". *Smithsonian*, fevereiro de 2006. http://www.smithsonianmag.com/history-archaeology/presence-feb06.html

DUODU, Cameron. "What Frantz Fanon Meant to African Liberation". *New African*, 14 de novembro de 2011. http://www.newafricanmagazine.com/features/politics/what-frantz-fanon-meant-to-african-liberation

EDGINTON, Peter William. *The German Peace Union: Origin and Support*. Open Access Dissertations and Theses. Paper 5363, 1968.

236

ELDEN, Stuart. *Terror and territory: the spatial extent of sovereignty*. Minneapolis: University of Minnesota Press, 2009.

ENSSLIN, Gudrun. "Build up the Red Army!", 5 de junho de 1970 (Trad. Allison Brown).

EZARD, John. "Blair's babe". *The Guardian*, 21 de junho de 2003. http://www.guardian.co.uk/uk/2003/jun/21/books.artsandhumanities

FABRIS, Annateresa & FABRIS, Mariarosaria. "C'est trop beau! C'est plus beau que le Bhosphore! Pauvre Stambul!". *Revista USP*, n. 42, junho/agosto 1999.

FANON, Frantz. *Peau noire, masques blancs*. Les Classiques de Sciences Sociales, Chicoutimi: Université de Québec, 2011. http://classiques.uqac.ca/classiques/fanon_franz/peau_noire_masques_blancs/peau_noire_masques_blancs.pdf

_____. *Sociologie d'une révolution (L'na V de la révolution argélienne)*. Les Classiques de Sciences Sociales, Chicoutimi: Université de Québec, 2011. http://classiques.uqac.ca/classiques/fanon_franz/sociologie_revolution/socio_revolution_algerie.pdf

_____. *The wretched of the Earth*. Nova York: Grove Press, 1963.

GAINOR, J. Ellen. *Susan Glaspell in Context: American Theater, Culture and Politics 1915-48*. The University of Michigan Press, 2004.

GARVEY, Marcus. "The negroe's greatest enemy". American Series Sample Documents. African Studies Center – UCLA.http://www.international.ucla.edu/africa/mgpp/sample01.asp

GLENDINNING, Chellis. "What's going to last". *Guernica*, 1 de junho de 2012. http://www.guernicamag.com/interviews/whats-going-to-last/

GOLDMAN, Emma. *My disillusionment in Russia*. Nova York: Dover, 2003.

GORDON, Lewis R. "Final year for a life well lived: a requiem for Frantz Fanon". Frantz Fanon Foundation, 2011. http://frantzfanonfoundation-fondationfrantzfanon.com/wp-content/uploads/2011/10/Gordon-Fanon-in_Gibson_volume.pdf

GRIMSHAW, Anna & HART, Keith. *C. L. R. James and the struggle for happiness*. Nova York: The C. L. R. James Institute, 1991.http://www.clrjamesinstitute.org/strugweb.html

HILL, Robert A. (Ed.). *The Marcus Garvey and Universal Negro Improvement Association Papers. Africa for the Africans, 1923-1945*. Berkeley: University of California Press, 2006.

HINTON, Alexander Laban. *Why did they kill?: Cambodia in the shadow of genocide*. Berkeley/Los Angeles: University of California Press, 2005.

HITCHENS, Cristopher. *A vitória de Orwell*. São Paulo: Companhia das Letras, 2010.

HITLER, Adolf. *Mein Kampf*. Londres/Nova York/Melbourne: Hurst & Blackett, 1939.

HOURANI, Albert. *Uma história dos povos árabes*. São Paulo: Companhia das Letras, 1994.

HUY, Vannak. "Bou Meng, survivor of S-21". *Searching for Truth*. Documentation Center of Cambodia. Special English Edition, abril 2003, p. 24. http://www.d.dccam.org/Projects/Magazines/Image_Eng/pdf/1st_Quarter_2003.pdf

IRWIN, Robert. "Is this the man who inspired Bin Laden?". *The Guardian*, 1 de novembro de 2001. http://www.theguardian.com/world/2001/nov/01/afghanistan.terrorism3

JAMES, C. L. R. *Letters from London*. Oxford: Signal Books, 2003.

_____. *The Black Jacobins: Toussaint L'Ouverture and the San Domingo Revolution*. Nova York: Vintage Books, 1989.

_____. *Mariners, Renegades and Castaways: the story of Herman Melville and the world we live in*. Hanover: University Press of New England, 2001.

JELLY-SHAPIRO, Joshua. "C. L. R. James in America: or, the ballad of Nello and Connie". *Transition*, n. 104, Indiana University Press, 2011.

JOHN, Steven Sandor. *Permanent revolution on the Altiplan: bolivian trotskysm, 1928-2005*. Ann Arbor: ProQuest, 2006.

KIERNAN, Ben. "The Original Cambodian". *New Internationalist*, n. 242, abril de 1993. http://newint.org/features/1993/04/05/original/

KLIMKE, Martin. *The other alliance: student protest in West Germany & the United States in the global sixties*. New Jersey: Princeton University Press, 2010.

KOLAKOWSKI, Leszek. "My correct views on everything". *Socialist Register*, vol. 11, 1974.

LAMBERG, Robert F. "Che in Bolivia: the 'revolution' that failed". *Problems of communism*, vol. XIX, n. 4, julho 1970, p. 34.

LOTTMAN, Herbert R. *The Left Bank: writers, artists and politics from the Popular Front to the Cold War*. Chicago: University of Chicago Press, 1998.

MACEY, David. "'I Am My Own Foundation': Frantz Fanon as a Source of Continued Political Embarrassment". *Theory, Culture & Society*. Vol. 27, 2010.

_____. "'Frantz Fanon': First Chapter". *The New York Times*, 2 de setembro de 2001. http://www.nytimes.com/2001/09/02/books/chapters/02-1st-macey.html?pagewanted=1

MARINETTI, Filippo Tommaso. *I manifesti del futurismo*. Project Gutenberg E-Book, 2009. http://www.gutenberg.org/files/28144/28144-h/28144-h.htm

_____. *Democrazia futurista*. Milão: Facchi, 1919. Project Gutenberg E-Book, 2012. http://www.gutenberg.org/files/41157/41157-h/41157-h.html

_____. "Destruction of Syntax – Imagination without strings – Words-in-freedom" (1913). http://www.unknown.nu/futurism/destruction.html

MARINETTI, Filippo Tommaso & Outros. *Il processo e l'assoluzione di "Mafarka il Futurista"*. Project Gutenberg E-Book, 2008. http://www.gutenberg.org/cache/epub/25211/pg25211.html

MAROF, Tristán. *La justicia del Inca*. Bruxelas: Libreria Falk Fils. http://pt.scribd.com/doc/55236482/La-Justicia-del-Inca

MCKAISER, Eusebius. "Ramphele more Mazibuko than Biko on questions of race". *Mail & Guardian*, 22 de fevereiro de 2013. http://mg.co.za/article/2013-02-22-00-ramphele-more-mazibuko-than-biko-on-questions-of-race

MEINHOF, Ulrike. "From protest to resistance". *Konkret*, n. 5, maio de 1968 (Trad. Allison Brown).

MENELIK, Girma Y. L. *Rastafarians: a movement tied with a social and psychological conflicts*. GRIN Verlag e-Book, 2009.

MONTANELLI, Indro. *L'Italia in camicia nera*. Milão: Rizzoli, 1977.

MUNK, Michael. "John Reed". Marxist's Internet Archive: John Reed. http://www.marxists.org/archive/reed/bio/portland.htm

MYDANS, Seth. "Pol Pot, brital dictator who forced cambodians to killing fields, dies at 73". *The New York Times*, 17 de abril de 1998. http://www.nytimes.com/1998/04/17/world/death-pol-pot-pol-pot-brutal-dictator-who-forced-cambodians-killing-fields-dies.html?pagewanted=all&src=pm

NDLOVU, Sifiso Mxolisi. "The Soweto Uprising". IN: *The road to democracy in South Africa* – Vol. 2 [1970-1980]. Pretoria: Unisa Press, 2006.

O'NEILL, Joseph. "Bowling Alone". *The Atlantic Monthly*, 11 de setembro de 2007. http://www.powells.com/review/2007_09_11.html

ORWELL, George. *Homage to Catalonia* (1938). Gutenberg E-Book. http://gutenberg.net.au/ebooks02/0201111.txt

_____. *Inside the Whale* (1940). Gutenberg E-Book. http://gutenberg.net.au/ebooks03/0300011h.html#part12

_____. *Literatura e política: jornalismo em tempos de guerra*. Rio de Janeiro: Jorge Zahar, 2006.

_____. "Notes on Nationalism" (1945). http://orwell.ru/library/essays/nationalism/english/e_nat

_____. "Why I Write" (1946). http://orwell.ru/library/essays/wiw/english/e_wiw

_____. "Preface to the Ukrainian Edition of Animal Farm", março de 1947. http://www.netcharles.com/orwell/articles/ukrainian-af-pref.htm

PRÉSUMEY, Vincent. "Guillermo Lora (1921-2009), la conscience ouvrière bolivienne" (2009). Le Militant. http://www.le-militant.org/carnet/lora.htm

QUTB, Sayyid. "The America I have seen" (1951). Kashf ul Shubuhat Publications. http://www.bandung2.co.uk/books/Files/Education/The%20America%20I%20Have%20Seen%20-%20Sayyid%20Qutb.pdf

_____. *Milestones*. Young Muslims Online Library. http://web.youngmuslims.ca/online_library/books/milestones/hold/chapter_1.htm

RAI, Alok. *Orwell and the politics of despair*. Cambridge: Cambridge University Press, 1988.

RAMPHELE, Mamphela. *Across boundaries: the journey of a South-African woman leader*. Nova York: The Feminist Press, 1999.

REED, John. *Adventures of a Young Man: Short Stories from Life*. San Francisco: City Lights, 1975.

_____. *Insurgent Mexico*. Nova York: D. Appleton and Company, 1914.

_____. *Ten days that shook the world*. E-Book. Oxford: Project Gutenberg. Fevereiro 2002.

REED, John & ROBINSON, Boardman. *The War in Eastern Europe*. Nova York: Charles Scribner's Sons, 1916.

RODDEN, John. *George Orwell: the politics of literary reputation*. New Brunswick: Transaction Publishers, 2009.

RUSHDIE, Salman. "Outside the Whale" (1984).http://www.granta.com/Archive/11/Outside-the-Whale/Page-4

SAGE. *Theory, Culture & Society*. Interview with David Macey on Fanon, Foucault and Race, 5 de janeiro de 2011. http://theoryculturesociety.blogspot.com. br/2011/01/interview-with-david-macey-on-fanon.html

SAMBATH, Thet. "Sister Nº 1: The Story of Khieu Ponnary, Revolutionary and First Wife of Pol Pot". *The Cambodia Daily*, 20-21 de outubro de 2001. http://www.camnet.com.kh/cambodia.daily/selected_features/khiev.htm

SAMPSON, Anthony. *O negro e o ouro*. São Paulo: Companhia das Letras, 1988.

SCHELCHKOV, Andrey. "En los umbrales del socialismo boliviano: Tristán Marof y la Tercera Internacional Comunista". *Izquierdas*, Ano 3, n. 5, 2009, p. 5. http://www.izquierdas.cl/revista/wp-content/uploads/2011/07/Schelchkov.pdf

SCHEUB, Harold. *There was no lightning: a conversation about race among South African's storytellers*. Madison: Parallel Press/University of Wisconsin, 2010.

SERGE, Victor. "Un Zar cae". *Terra y Libertad*, Barcelona, 4 de abril de 1917. http://www.cedall.org/Documentacio/Premsa%20Llibertaria/tierra%20y%20libertad/1910-1919/00346.pdf

_____. "Open Letter to André Gide" (1936). Marxist's Internet Archive: Victor Serge. http://www.marxists.org/archive/serge/1936/xx/letter-gide.htm

_____. *Les Révolutionnaires: romans*. Paris: Seuil, 1980.

_____. *O ano I da Revolução Russa*. São Paulo: Ensaio, 1987.

_____. *Memórias de um revolucionário*. São Paulo: Companhia das Letras, 1987.

SHORT, Philip. *Pol Pot: anatomy of a nightmare*. Nova York: Henry Holt and Company, 2006.

SIEGEL, Fred. "The romance of evil". *City Journal*, 18 de setembro de 2009. http://www.city-journal.org/2009/bc0918fs.html

STEFFENS, Lincoln. *John Reed under the Kremlin Wall*. Chicago: The Walden Book Shop, 1922.

SULLIVAN, Rosemary. *Villa Air-Bel*. Nova York: HarperCollins, 2007.

THAYER, Nate. "Pol Pot: Unrepentant". *Far Eastern Economic Review*, 30 de outubro de 1997. http://natethayer.typepad.com/blog/2011/11/pol-pot-unrepentant-an-exclusive-interview-by-nate-thayer.html

TROTSKY, Leon. *A história da Revolução Russa*. Rio de Janeiro: Paz e Terra, 1977.

WEISSMAN, Susan. *Victor Serge: the course is set on hope*. Londres: Verso, 2001.

WELTEN, Ruud. *The philosopher and the terrorist. Why Sartre visited Andreas Bader*. Academia.edu, 2005.http://www.academia.edu/1269987/The_philosopher_and_the_terrorist._Why_Sartre_visited_Andreas_Baader

WETZSTEON, Ross. *Greenwich Village – The American Bohemia, 1910-1960*. Nova York: Simon and Schuster, 2002.

WILSON, Lindy. *Steve Biko*. Athens: Ohio University Press, 2012.

WINTZ, Cary D. (Ed.). *African American political thought, 1890-1930*. Armonk/Londres: M. E. Sharpe, 1996.

WOLFE, Bertram D. The Harvard Man in the Kremlin Wall. American Heritage, Magazine, vol. 11, fevereiro 1960. http://www.americanheritage.com/content/harvard-man-kremlin-wall

Este livro foi composto em
Chaparral Pro para LeYa
e impresso em outubro de 2013